Kohlhammer

Kompass Recht

herausgegeben von Dieter Krimphove

Lebensmittelrecht

von

Dr. Markus Weck
Rechtsanwalt,
Geschäftsführer im Verband der Hersteller
kulinarischer Lebensmittel und im
Fachverband der Gewürzindustrie,
Syndikus im Deutschen Verband der Hefeindustrie

Verlag W. Kohlhammer

Inhalt der beiliegenden CD-ROM:
- Gesetzes- und Verordnungstexte
- Weiterführende Informationen
- Interaktive Fälle
- Multiple-Choice-Tests
- Hörfassung des Buchinhalts in MP3 (DAISY)

Die in dem Werk verwendeten Symbole bedeuten:

 = Prüfungstipps für Studenten

 = Tipps für Praktiker

 = Gesetzestext

 = Weiterführender bzw. ergänzender Text auf der CD-ROM

Alle Rechte vorbehalten
© 2011 W. Kohlhammer GmbH Stuttgart
Gesamtherstellung: W. Kohlhammer Druckerei GmbH + Co. KG, Stuttgart
Printed in Germany

ISBN: 978-3-17-021537-5

Vorwort

Was man im Allgemeinen als „Lebensmittelrecht" bezeichnet, ist ein komplexes Rechtsgebiet, das sich aus einer Fülle europäischer und nationaler Vorschriften zusammensetzt. Grob geschätzt umfasst es – ohne das ebenfalls sehr umfassende Weinrecht – rund 40 (nationale) Gesetze, 100 Verordnungen und über 30 EG-Verordnungen, die fortlaufend und teilweise sehr kurzfristig geändert werden.

Was können ein rund 160 Seiten starkes Lehrbuch und eine CD-ROM da bewirken? Ziel des Buchs ist es, dem Leser eine Einführung ins Lebensmittelrecht zu vermitteln und die zentralen Grundsätze und wichtigsten Vorschriften vorzustellen. Dabei sollen zahlreiche Beispielsfälle verdeutlichen, worauf bei der täglichen Arbeit mit den Regelungen zu achten ist.

Das Lehrbuch umfasst im Wesentlichen das „materielle" Lebensmittelrecht, also vor allem die Ge- und Verbote, die der Lebensmittelunternehmer bei seiner Tätigkeit zu beachten hat. Auf der CD-ROM befinden sich einige weitere wichtige Kapitel, die aus Platzgründen „ausgelagert" wurden. Sie betreffen insbesondere das „formelle" Lebensmittelrecht – behördliche Maßnahmen sowie zivil- und strafrechtliche Bezüge – sowie die Zukunft des Lebensmittelkennzeichnungsrechts: einen kurzen Ausblick auf den Entwurf einer „Verordnung betreffend die Information des Verbrauchers über Lebensmittel", die derzeit innerhalb der Institutionen der EU beraten wird.

Dieses Buch wäre nicht möglich gewesen ohne die Geduld und Unterstützung meiner Frau, Dr. Monika Weck. Ihr gilt mein ganz besonderer Dank. Gewidmet ist das Buch meinem kleinen Sohn Julian, der mich monatelang jeden Tag mit sanftem Geschrei in den frühen Morgenstunden geweckt und zur Arbeit gerufen hat: Ohne Dich hätte es sehr viel länger gedauert!

Über Lob, Tadel und Verbesserungsvorschläge freue ich mich: dr.weck@arcor.de.

Brühl, im September 2010

Inhaltsverzeichnis

Seite

Vorwort.. V

Abkürzungsverzeichnis XI

Literaturverzeichnis..................................... XII

1. Kapitel   **Einführung ins Lebensmittelrecht –
             der europäische Rechtsrahmen** 1

I.   Die Entwicklung des Lebensmittelrechts in Deutschland......... 2

II.   Die Entwicklung des Lebensmittelrechts auf europäischer Ebene... 4

    1. Exkurs: Quellen des EG-Rechts......................... 5

    2. Die Entwicklung des europäischen Lebensmittelrechts 7

2. Kapitel   **Grundlagen des Lebensmittelrechts**.................... 9

I.   Lebensmittelrechtliche Grundbegriffe 9

    1. Der Begriff des Lebensmittels.......................... 9

    2. Lebensmittelunternehmen und Lebensmittelunternehmer..... 14

    3. Inverkehrbringen von Lebensmitteln..................... 15

II.   Allgemeine lebensmittelrechtliche Grundsätze 17

    1. Risikoanalyse und Vorsorgeprinzip 17

    2. Lebensmittelsicherheit................................ 19

    3. Rückverfolgbarkeit 24

    4. Schutz der Verbraucherinteressen – Irreführungsverbot 27

    5. Transparenz – Information der Öffentlichkeit................ 27

3. Kapitel   **Kennzeichnung von Lebensmitteln** 29

I.   Lebensmittel in Fertigpackungen 29

    1. Begriff der Fertigpackung 30

    2. Überblick über die Pflichtkennzeichnungselemente 31

    3. Formvorschriften 32

    4. Besondere Kennzeichnungselemente
       bei tiefgekühlten Lebensmitteln 33

    5. Verkehrsbezeichnung und Verkehrsauffassung 34

    6. MHD und Verbrauchsdatum............................ 38

    7. Füllmengenangabe 40

    8. Kennzeichnung von Zutaten 45

9. Herstellerangabe 60

10. QUID: Die mengenmäßige Kennzeichnung von Zutaten 60

11. Los-Kennzeichnung. 70

12. Kennzeichnungsregelungen für gentechnisch veränderte
    Lebensmittel oder Zutaten aus gentechnisch veränderten
    Lebensmitteln ....

13. Kennzeichnungsregelungen für Bio-Lebensmittel ....

II. Kennzeichnung bei der Abgabe an Weiterverarbeiter ....

1. Grundsatz

2. Besonderheiten bei der Abgabe von Zusatzstoffen, Enzymen
   und Aromen

3. Regelungen für bestimmte Mischungen von Zusatzstoffen
   und Enzymen

III. Abgabe loser Ware in Gaststätten/Restaurants/Einrichtungen
     zur Gemeinschaftsverpflegung ....

1. Grundsatz

2. Ausnahme: Kenntlichmachung von Zusatzstoffen

3. Art und Weise der Kenntlichmachung

IV. Nährwertkennzeichnung und GDA-Angaben. 71

1. Einführung in die Nährwertkennzeichnung. 71

2. Die korrekte Ermittlung des Brennwertes
   und des Nährstoffgehalts 74

3. Nährwertkennzeichnung pro Portion 76

4. GDA – Richtwerte für die Tageszufuhr 78

4. Kapitel **Stoffrecht** 79

I. Lebensmittelzusatzstoffe 80

1. Begriffsbestimmungen 81

2. Verwendung von Zusatzstoffen –
   Verbotsprinzip mit Erlaubnisvorbehalt 84

3. Funktionsklassen von Zusatzstoffen 85

4. Höchstmengen für Zusatzstoffe. 85

5. Der Übertragungsgrundsatz. 87

6. Kennzeichnungsvorschriften 89

II. Lebensmittelenzyme 91

1. Allgemeines zur Enzymverordnung 91

2. Anwendungsbereich und Definitionen 91

3. Zulassung und Gemeinschaftsliste 92

4. Kennzeichnung von Lebensmitteln, die Enzyme enthalten..... 94

III. Aromenrecht.. 94
    1. Allgemeines zum Inhalt der Aromenverordnung............. 94
    2. Anwendungsbereich und Definitionen 95
    3. Kennzeichnungsbestimmungen.......................... 97
    4. Höchstmengen für bestimmte Stoffe 97
    5. Inkrafttreten/Geltung.................................. 99
IV. Die Verordnung über ein einheitliches Zulassungsverfahren 99
V. Überblick über die Anreicherungsverordnung ....
    1. Grundregeln für die Anreicherung
    2. Umsetzung der Anreicherung in der Praxis
VI. Überblick über die Novel-Food-Verordnung ....
    1. Begriffsbestimmungen
    2. Genehmigungsverfahren
    3. Überarbeitung der NFV

5. Kapitel   **Rückstände und Kontaminanten** 101
I. Pestizidverordnung 102
II. Kontaminantenverordnung.................................... 105
III. Abgrenzungsfragen 108

6. Kapitel   **Grundlagen des Hygienerechts** 110
I. Verordnung über Lebensmittelhygiene 110
    1. Hygienerechtliche Grundsätze 110
    2. Die Bedeutung der HACCP-Grundsätze 112
    3. Zulassung des Betriebes 114
II. Spezielle Hygienevorschriften für Lebensmittel
    tierischen Ursprungs.................................... 114
    1. Anwendungsbereich der Verordnung..................... 114
    2. Zulassung und Identitätskennzeichen 116
III. Verordnung über die amtliche Überwachung von Erzeugnissen
    tierischen Ursprungs 117
IV. Verordnung über mikrobiologische Kriterien für Lebensmittel..... 118
V. „Mantelverordnung" zur Durchführung
    des gemeinschaftlichen Hygienerechts 121

7. Kapitel   **Werbliche Aussagen über Lebensmittel**.................. 123
I. Das Verbot der Irreführung nach § 11 LFGB.................... 123
    1. Irreführung 124
    2. Regelbeispiele....................................... 125

　　　3.　Folgen von Verstößen gegen § 11 LFGB 133
II.　Die Verordnung über nährwert- und gesundheitsbezogene
　　　Angaben 134
　　　1.　Anwendungsbereich: Nährwert- und
　　　　　gesundheitsbezogene Angaben 135
　　　2.　Allgemeine Anforderungen an nährwert-
　　　　　und gesundheitsbezogene Aussagen 137
　　　3.　Besondere Regelungen für nährwertbezogene Aussagen 139
　　　4.　Besondere Regelungen über gesundheitsbezogene Aussagen . . 141
　　　5.　Nährwertprofile 143
　　　6.　Exkurs: Das Verbot der krankheitsbezogenen Werbung
　　　　　nach § 12 LFGB 145
III.　Wettbewerbsrechtliche Bezüge . . . .
　　　1.　Rechtsbruch
　　　2.　Wettbewerbsrechtliches Irreführungsverbot
　　　3.　Das Verfahren bei wettbewerbsrechtlichen Verstößen

8. Kapitel　**Zivilrechtliche Bezüge** . . . .
I.　Die Verantwortlichkeit des Lebensmittelunternehmers
　　　1.　Die Person des „Lebensmittelunternehmers"
　　　2.　Delegation von Pflichten
　　　3.　Entlastung von Delegierendem und Beauftragten
　　　4.　Die Sorgfaltspflicht des Lebensmittelunternehmers
II.　Grundzüge des Haftungsrechts
　　　1.　Vertragliche Haftung
　　　2.　Deliktische Haftung nach § 323 BGB
　　　3.　Haftung nach dem Produkthaftungsgesetz

9. Kapitel　**Lebensmittelüberwachung und behördliche Maßnahmen** . .
I.　Die amtliche Lebensmittelüberwachung
　　　1.　Lebensmittelüberwachung als Länderaufgabe
　　　2.　Zuständige Behörden
　　　3.　Maßnahmen der Lebensmittelüberwachung
II.　Rücknahme, Rückruf und Information der Öffentlichkeit
　　　1.　Rücknahme und Rückruf
　　　2.　Information der Öffentlichkeit und Meldepflicht
　　　　　des Lebensmittelunternehmers

10. Kapitel **Ausblick: Entwurf einer Verordnung betreffend die Information der Verbraucher über Lebensmittel** . . . .

I. Eckpunkte des Entwurfs
II. Die Stellungnahme des Umweltausschusses

Stichwortverzeichnis 147

X

Abkürzungsverzeichnis

ADI	Acceptable Daily Intake - Erlaubte Tagesdosis
AEUV	Vertrag über die Arbeitsweise der Europäischen Union
ARfD	Akute Referenzdosis
AVV	Allgemeine Verwaltungsvorschrift
BfR	Bundesinstitut für Risikobewertung
BMELV	Bundesministerium für Ernährung, Landwirtschaft und Verbraucherschutz
BVL	Bundesamt für Verbraucherschutz und Lebensmittelsicherheit
CIAA	Confédération des Industries Agro-Alimentaires de l'UE
dies.	dieselbe
DLR	Deutsche Lebensmittel Rundschau (Zeitschrift)
EFSA	European Food Safety Authority
EuGH	Europäischer Gerichtshof
FPV	Fertigpackungsverordnung
GDA	Guideline Daily Amount
ggf.	gegebenenfalls
i. d. R.	in der Regel
i. S. d.	im Sinne des (der)
i. V. m.	in Verbindung mit
LFGB	Lebensmittel- und Futtermittelgesetzbuch
LMBG	Lebensmittel- und Bedarfsgegenständegesetz
LMKV	Lebensmittel-Kennzeichnungsverordnung
LRE	Sammlung Lebensmittelrechtlicher Entscheidungen
MHD	Mindesthaltbarkeitsdatum
NKV	Nährwertkennzeichnungsverordnung
QUID	Quantitative Ingredient Declaration
RASFF	Rapid Alert System for Food and Feed
StraFO	Strafverteidiger Forum (Zeitschrift)
TLMV	Verordnung über tiefgekühlte Lebensmittel
WRP	Wettbewerb in Recht und Praxis (Zeitschrift)
ZLR	Zeitschrift für das gesamte Lebensmittelrecht
z. T.	zum Teil
ZVerkV	Zusatzstoff-Verkehrsverordnung
ZZulV	Zusatzstoff-Zulassungsverordnung

Literaturverzeichnis

David/Grube, Rückruf und Rücknahme von Lebensmitteln: Theorie und Praxis, Food&Recht Praxis 01/10, S. 13 ff.

Fezer, Lebensmittelimitate, gentechnisch veränderte Produkte und CSR-Standards als Gegenstand des Informationsgebots im Sinne des Art. 7 UGP-RL, WRP 2010, S. 577 ff.

Gerstberger, Die Novel-Food-Verordnung vor der Reform, WRP 2005, S. 584 ff.

dies., „Was lange währt, wird endlich gut?" – Zum Vorschlag der Kommission zur Revision der Novel Food Verordnung, ZLR 2008, S. 175 ff.

Hagenmeyer, LMKV – Lebensmittelkennzeichnungsverordnung, 2. Auflage, München 2006

Hahn/Pichhardt, Lebensmittelsicherheit, Hamburg 2004

Hartwig/Schulz, Alternativen zu Gesundheits- und Nährwertclaims, 2009

Holle, Health Claims – kompakt, Köln, Berlin, München 2007

Kirst, Meilensteine des gesundheitlichen Verbraucherschutzes, Historischer Rückblick auf die Entwicklung des Tierseuchen- und Lebensmittelrechtes, Teil 2 (Lebensmittelrecht), Deutsches Tierärzteblatt 3/2009, S. 336 ff.

Köhler, Die Bedeutung der Richtlinie 2005/29/EG über unlautere Geschäftspraktiken und ihre Auswirkungen für Lebensmittelrecht und Lebensmittelwirtschaft, ZLR 2006, S. 3 ff.

Krimphove, Europarecht, Kohlhammer, Stuttgart 2010

Kulow, Zulassung nach dem neuen EU-Hygienerecht, Hamburg 2007

Loosen, QUID – Mengenkennzeichnung von Zutaten, ZLR 1998, S. 627 ff.

Meyer/Streinz (Hrsg.), LFGB / BasisVO, Kommentar, München 2006

Muermann, Aromen, Hamburg 2009

Oelrichs, Pflichtendelegation im Lebensmittelunternehmen, Food&Recht Praxis 1/2010, S. 19 ff.

Preuß, Die QUID-Regelung aus Sicht der Lebensmittelüberwachung, ZLR 2000, S. 301 ff.

Radermacher, QUID – Mengenkennzeichnung von Zutaten, 2. Auflage, Hamburg 2007

Rau, Biowasser überflüssig oder überfällig?, BioRecht 2010, S. 114 ff.

Tsambikakis/Wallau, Moderner Pranger: Die sog. Negativliste von Pankow, StraFO 2010, S. 145 ff.

Warburg, Anreicherungsverordnung erzielt bislang lediglich partielle Harmonisierung, Food&Recht Praxis 03/09, S. 16 ff.

Weck/Grote/Matthes, Zusatzstoffe und Enzyme, Hamburg 2009

Wehlau, LFGB – Lebensmittel- und Futtermittelgesetzbuch, Köln, Berlin, München 2010

Welsch, Zur Ergänzung der Verkehrsbezeichnung der Zutaten bei ihrer Aufführung im Zutatenverzeichnis um zusätzliche Angaben, ZLR 1991, S. 637 ff.

Zipfel/Rathke, Lebensmittelrecht, Loseblatt, München 2010

1. Kapitel   Einführung ins Lebensmittelrecht – der europäische Rechtsrahmen

Die reiche Auswahl und die ständige Verfügbarkeit von sicheren und bekömmlichen Lebensmitteln sind – zumindest in unserem Teil der Welt – für viele zu einer Selbstverständlichkeit geworden, die aber tatsächlich das Ergebnis eines jahrzehnte-, ja jahrhundertelangen Prozesses der Optimierung ist. Vor allem das gewachsene Wissen um die Bedeutung der Hygiene bei der Herstellung von Lebensmitteln sowie die vertieften Erkenntnisse über zugesetzte oder natürlicherweise enthaltene Stoffe haben erheblich dazu beigetragen, dass unsere „Mittel zum Leben" aus heutiger Sicht in aller Regel höchsten Sicherheitsanforderungen entsprechen. **1**

Das Lebensmittelrecht begleitet diesen Prozess nicht erst seit der Neuzeit. Allgemeine lebensmittelrechtliche und -hygienische Vorschriften finden sich bereits in den Verordnungen Karls des Großen (747–814 n. Chr.): **2**
„Mit Sorgfalt ist darauf zu achten, dass das, was die Leute mit ihren Händen verarbeiten oder verfertigen, wie Speck, getrocknetes Fleisch, Wurst, eingesalzenes Fleisch, Wein, Essig, Käse, Butter, Bier, Honig, Wachs, Mehl, mit der größten Reinlichkeit hergestellt und bereitet werde."

Auch das Thema „Verfälschen von Lebensmitteln" – aktuell durch die Diskussion um den „Analogkäse" in den Schlagzeilen – wurde vom Gesetzgeber geregelt: Die Constitutio Criminalis Carolina – die „peinliche Halsgerichtsordnung Karls V." – wurde 1532 erlassen, galt bis Ende des 18. Jahrhunderts in fast allen deutschen Staaten als strafrechtliche Grundlage und sah z. T. bereits für geringe Vergehen drastische „peinliche" Strafen vor. Im mittelalterlichen Nürnberg wurden Safranfälscher nicht selten mitsamt der gefälschten Ware verbrannt, in minder schweren Fällen an den Pranger gestellt und mit Ruten ausgepeitscht. Nachdem solche Strafen zu Recht aus unserer Rechtskultur verbannt wurden, ist in neuerer Zeit z. B. mit der „Negativliste", die das Veterinär- und Lebensmittelaufsichtsamt Pankow veröffentlicht, eine bedauernswerte Rückkehr zum „Pranger" zu beobachten (vgl. hierzu *Tsambikakis/Wallau*, Moderner Pranger: Die sog. Negativliste von Pankow, StraFO 2010, S. 145 ff.). **3**

I.   Die Entwicklung des Lebensmittelrechts in Deutschland

4   Die erste umfassende Kodifikation des Lebensmittelrechts in Deutschland erfolgte mit dem Gesetz betreffend den Verkehr mit Nahrungsmitteln, Genussmitteln und Gebrauchsgegenständen (**Nahrungsmittelgesetz**) vom 14. Mai
1879 (RGBl. S. 145). Neben der Einführung einer Lebensmittelüberwachung
(„Beaufsichtigung") stellte das Gesetz das Nachmachen oder Verfälschen von
Lebensmitteln unter (Geld-)Strafe; wer vorsätzlich Nahrungs- und Genussmit-
tel so herstellte, dass ihr Verzehr *„die menschliche Gesundheit zu schädigen geeignet"* war, wurde mit Gefängnis bestraft (zum Nahrungsmittelgesetz und dessen
weiterer Entwicklung vgl. *Zipfel/Rathke*, Lebensmittelrecht, Einführung B,
Rn. 6 ff.). Die Lücken des Nahrungsmittelgesetzes wurden in der folgenden
Zeit durch Spezialgesetze ergänzt, von denen nachfolgend nur einige genannt
werden sollen:
- Gesetz betreffend die Verwendung gesundheitsschädlicher Farben zur Herstellung von Nahrungs- und Genussmitteln und Gebrauchsgegenständen
vom 5. Juli 1887 („Farbengesetz");
- Gesetz betreffend den Verkehr mit Butter, Käse, Schmalz und deren Ersatz-
mitteln vom 15. Juni 1897 („Margarinegesetz");
- Reichsgesetz betreffend die Schlachtvieh- und Fleischbeschau vom 3. Juni
1900; das Gesetz wurde in der Folgezeit vielfach ergänzt und geändert und
galt als „Fleischhygienegesetz" weiter, bis es im Wesentlichen durch das Gesetz zur Neuordnung des Lebensmittel- und des Futtermittelrechts vom
1. September 2005 aufgehoben wurde.

5   Das Nahrungsmittelgesetz von 1879 wurde 1927 durch das **Lebensmittelgesetz**
(Gesetz über den Verkehr mit Lebensmitteln und Bedarfsgegenständen, LMG)
abgelöst. Nach wie vor stand der Schutz des Verbrauchers vor Verfälschungen
und Irreführung im Mittelpunkt der Regelungen; die ohnehin kaum praktika-
ble Unterscheidung zwischen Lebens- und Genussmitteln wurde aufgegeben.

6   Für lange Zeit erfolgten im Bereich des Lebensmittelrechts keine grundlegen-
den Reformen mehr, bis in den 1950er Jahren in der Bevölkerung eine große
Verunsicherung über die Verwendung von „fremden Stoffen" in der Nahrung
um sich griff; dabei ging es insbesondere um die Verwendung von Farb- und
Konservierungsstoffen, die als krebserregend angesehen wurden (und dies teilweise auch waren). Die Diskussion führte zum Erlass des Änderungsgesetzes
vom 21. Dezember 1958, mit dem das LMG durch das sog. **Fremdstoffverbot**
ergänzt wurde. Das Fremdstoffverbot führte zu einem Paradigmenwechsel:

Während bis dahin das Missbrauchsprinzip galt, wonach alles erlaubt war, was nicht verboten war, galt nunmehr das Verbotsprinzip: Der Zusatz von sog. fremden Stoffen wurde grundsätzlich verboten; es bestand lediglich die Möglichkeit der Zulassung einzelner Stoffe allgemein oder zu bestimmten Zwecken. In der Folge wurden 11 Fremdstoffverordnungen erlassen, wodurch die nach dem damaligen Kenntnisstand gesundheitlich unbedenklichen und technisch notwendigen Stoffe zugelassen wurden. Das Verbotsprinzip gilt noch heute und beherrscht mittlerweile auch das europäische Lebensmittelrecht.

Mit dem Gesetz zur Neuordnung und Bereinigung des Rechts im Verkehr mit **7** Lebensmitteln, Tabakerzeugnissen, kosmetischen Mitteln und sonstigen Bedarfsgegenständen vom 15. August 1974 wurde ein neues **Lebensmittel- und Bedarfsgegenständegesetz** (LMBG) erlassen, dessen Regelungsbereiche wie folgt umrissen werden können:
- Verbote zum Schutz der Gesundheit
- Ermächtigungen zum Erlass von Gesundheitsschutzbestimmungen
- Verbote zum Schutz vor Täuschung, Werbeverbote

Bemerkenswert war die Konkretisierung des Täuschungsschutzes im Bereich **8** der Angaben über gesundheitliche und ernährungsphysiologische Wirkungen von Lebensmitteln, mit der dem Lebensmittelunternehmer schlicht – und ganz ohne den bürokratischen Aufwand einer Claims-Verordnung (hierzu unten, Rn. 422 ff.) – die Verantwortung und die Beweislast für die Verwendung fachlich umstrittener oder wissenschaftlich nicht gesicherter Behauptungen übertragen wurde. Krankheitsbezogene Werbung (hierzu unten, Rn. 454 ff.) war – und ist es auch heute noch – grundsätzlich verboten, von Ausnahmen im Bereich der diätetischen Lebensmittel abgesehen.

Neben dem LMBG galt eine **Vielzahl von lebensmittelrechtlichen Nebengeset-** **9** **zen**, die insbesondere den Hygienebereich, Zusatzstoffe und Kontaminanten betrafen. Viele dieser Gesetze sind im Zuge der europäischen Integration obsolet geworden, weil sie von vorrangig anzuwenden europäischen Verordnungen überlagert wurden (so z. B. im Hygienebereich); viele Gesetze (so etwa die praktisch bedeutende Lebensmittel-Kennzeichnungsverordnung – LMKV) enthalten zwischenzeitlich nurmehr Umsetzungen von europäischem Richtlinienrecht. Das LMBG selbst wurde am 7. September 2005 durch das **Lebensmittel- und Futtermittelgesetzbuch** (LFGB, neu gefasst durch Bekanntmachung v. 24. Juli 2009, BGBl I 2205) abgelöst. Im Vergleich zum LMBG enthält das LFBG die folgenden wesentlichen Neuerungen:

- Lebensmittel und Futtermittel werden gemeinsam in einem Gesetz geregelt.
- Die lebensmittelrechtlichen Vorschriften werden gebündelt; hiermit einher ging die Aufhebung einiger Gesetze, die den Bereich der Lebensmittel und der Bedarfsgegenstände betreffen.
- Ausdehnung der Fälle des Sofortvollzugs, also der Fälle, in denen Widerspruch und Anfechtungsklage gegen Maßnahmen der zuständigen Behörden zur Durchführung von Verboten im Zusammenhang mit der Sicherheit von Lebensmitteln keine aufschiebende Wirkung haben.
- Vorschrift zum „aktiven" Informationsrecht der Behörde.

10   Das LFGB stellt den vorläufigen Schlusspunkt einer langen Entwicklung dar, die mehr und mehr durch die Harmonisierung des Lebensmittelrechts auf europäischer Ebene geprägt ist (hierzu im folgenden Abschnitt) und für nationale Sonderregeln nur noch sehr eingeschränkten Raum lässt.

> Sowohl im deutschen als auch im europäischen Recht gibt es Gesetze, die in Form von „Verordnungen" erlassen werden. Den Unterschied sollte man sich vergegenwärtigen:
>
> Im deutschen Recht unterscheidet man grundsätzlich zwischen formellen Gesetzen, d. h. solchen Gesetzen, die nach dem in der Verfassung vorgeschriebenen Verfahren von den Gesetzgebungsorganen (Legislative) erlassen werden (Beispiel: LFGB).
>
> Demgegenüber wird die Rechtsverordnung in Deutschland durch die Exekutive von der Regierung oder einer Verwaltungsstelle erlassen. Hierzu bedarf es einer Ermächtigungsgrundlage in einem formellen Gesetz.
>
> Hiervon ist die europäische Verordnung zu unterscheiden; sie kann am ehesten mit dem deutschen formellen Gesetz verglichen werden (zur EU-Verordnung nachfolgend, Rn. 13).

II. Die Entwicklung des Lebensmittelrechts auf europäischer Ebene

11   Praktisch kein Bereich des deutschen Lebensmittelrechts ist nicht von europäischen Rechtsvorschriften beeinflusst oder beruht nicht unmittelbar auf europäischem Recht. Das Recht der Europäischen Gemeinschaft (EG) hat **Anwendungsvorrang** vor nationalem Recht. Hieraus folgt, dass deutsche Gerichte und

Behörden dem EG-Recht widersprechende nationale Rechtsvorschriften außer Anwendung lassen müssen. Darüber hinaus darf der nationale Gesetzgeber auch kein entgegenstehendes Recht erlassen; geschieht dies dennoch, dürfen Gerichte und Behörden die entgegenstehenden Vorschriften nicht anwenden (sog. Sperrwirkung; hierzu und zum Anwendungsvorrang *Krimphove*, Europarecht, Rn. 15 ff.). Die Bedeutung des europäischen Rechts sowie der maßgeblichen Institutionen der EU, allen voran der Europäischen Kommission, kann also nicht hoch genug eingeschätzt werden.

1. Exkurs: Quellen des EG-Rechts. Für das Verständnis der europarechtlichen Zusammenhänge der lebensmittelrechtlichen Vorschriften ist ein Überblick über die Quellen des europäischen Rechts unerlässlich. Für den Rechtsanwender, der sich mit dem Lebensmittelrecht beschäftigt, stehen dabei weniger die Vorschriften des primären Gemeinschaftsrechts im Vordergrund, als vielmehr die des sekundären Gemeinschaftsrechts. **12**

- Zum **primären Gemeinschaftsrecht** gehören die Gründungsverträge der Europäischen Gemeinschaften EGKS (Europäische Gemeinschaft für Kohle und Stahl), EWG (Europäische Wirtschaftsgemeinschaft) und EAG (Europäische Atomgemeinschaft) einschließlich der Anlagen, Anhänge und Protokolle sowie der späteren Ergänzungen und Änderungen dieser Verträge.

- Zum **sekundären Gemeinschaftsrecht** gehören die Rechtsakte, die vom Europäischen Parlament, dem Rat und der Kommission erlassen werden. Dies sind in erster Linie Verordnungen, Richtlinien und Entscheidungen. Daneben können auch Empfehlungen ausgesprochen und Stellungnahmen abgegeben werden. Der Begriff „sekundäres" oder „abgeleitetes Gemeinschaftsrecht" ist in dem Sinne zu verstehen, dass sich die Rechtssetzungskompetenz von Parlament, Rat und Kommission aus den Gründungsverträgen – dem Primärrecht – ergibt.

Was sollte der Rechtsanwender und -unterworfene über das sekundäre Gemeinschaftsrecht wissen? Zu den einzelnen Rechtsakten ist auf Folgendes hinzuweisen: **13**

- **Verordnungen** gelten allgemein und unmittelbar in allen Mitgliedsstaaten der EU (Art. 288 Abs. 2 AEUV). Nationale Behörden und Gerichte sowie die Rechtsunterworfenen selbst müssen die Verordnungen beachten; eine Umsetzung der Verordnungen in nationales Recht ist nicht erforderlich. „Allgemeine Geltung" bedeutet, dass eine Verordnung eine unbestimmte Zahl von Sachverhalten generell und abstrakt regelt. Für den Bereich des Lebensmittelrechts hat die Verordnung (EG) Nr. 178/2002 (die sog. Basisverordnung) eine zentrale Bedeutung.

- **Richtlinien** sind auch für alle Mitgliedstaaten verbindlich, allerdings nur in Bezug auf das zu erreichende Ziel. Die Mitgliedstaaten haben die freie Wahl der Form und der Mittel, wie dieses Ziel erreicht werden soll (Art. 288 Abs. 3 AEUV). Der Rechtsunterworfene selbst wird also durch eine Richtlinie nicht unmittelbar berechtigt oder verpflichtet. Etwas anderes kann in Ausnahmefällen nur dann gelten, wenn ein Mitgliedstaat seiner **Pflicht zur Umsetzung der Richtlinie** nicht fristgemäß nachkommt. Diese **unmittelbare Wirkung** kommt unter drei Voraussetzungen in Betracht (hierzu *Krimphove*, Europarecht, Rn. 59 f.):
  - Die Richtlinie ist so genau formuliert (ohne einen Umsetzungsspielraum für den nationalen Gesetzgeber), dass aus ihr unmittelbar Rechte und Pflichten abgeleitet werden können (dies ist mittlerweile die Regel; wenn sich der europäische Gesetzgeber nicht schon von vornherein für die Regelung durch Verordnung entscheidet, lässt er den Mitgliedstaaten regelmäßig nur marginale Umsetzungsspielräume).
  - Die in der Richtlinie festgelegte Umsetzungsfrist muss abgelaufen sein, ohne dass der nationale Gesetzgeber tätig geworden ist.
  - Der Bürger darf nicht belastet werden.

14   Im Bereich des Lebensmittelrechts wurden einige zentrale Bereiche vom europäischen Gesetzgeber ursprünglich durch Richtlinien geregelt, so z. B. das gesamte Kennzeichnungsrecht (vor allem durch die Richtlinie 2000/13/EG vom 20. März 2000 zur Angleichung der Rechtsvorschriften der Mitgliedstaaten über die Etikettierung und Aufmachung von Lebensmitteln sowie die Werbung hierfür, die sog. „Kennzeichnungsrichtlinie"). Zunehmend ist zu beobachten, dass die meisten der vormals durch Richtlinien harmonisierten Bereiche vom europäischen Gesetzgeber durch Verordnungen neu geregelt werden, so z. B. das Zusatzstoff- und Aromenrecht, das Hygienerecht und die Lebensmittelkennzeichnung – über den Entwurf einer „Verordnung betreffend die Information der Verbraucher über Lebensmittel" wird derzeit beraten. Dies ist vor dem Hintergrund zu verstehen, dass eigene Umsetzungsspielräume der Mitgliedstaaten beim grenzüberschreitenden europäischen Handel mit Lebensmitteln in Europa eher hinderlich sein können und für sie im Lebensmittelbereich – anders als in anderen Bereichen – kein besonderes Bedürfnis besteht: Die wesentlichen Ziele des Lebensmittelrechts – ein hohes Maß an Sicherheit sowie der Schutz des Verbrauchers – rechtfertigen letztlich keine nationalen Sonderwege.

- Die **Entscheidung** ist nicht allgemein verbindlich, sondern nur für den in ihr bezeichneten Adressaten (Art. 288 Abs. 4 AEUV). Sie kann sowohl an Mitgliedstaaten als auch an Individuen, z. B. ein Lebensmittelunternehmen gerichtet werden. Im Bereich des Lebensmittelrechts sind vor allem die Entscheidungen der Europäischen Kommission zur Zulassung oder Nichtzulassung von neuartigen Lebensmitteln („Novel Food", hierzu ⊚ Rn. 56 ff.) von Bedeutung.
- **Empfehlungen und Stellungnahmen** sind unverbindlich (Art. 288 Abs. 5 AEUV); ihnen kommt daher vor allem politische Bedeutung zu. Zudem ziehen Behörden und Gerichte die Empfehlungen und Stellungnahmen häufig zur Auslegung von Rechtsvorschriften heran. Im Lebensmittelbereich gibt es einige Empfehlungen der Europäischen Kommission zur Gentechnik, so z. B. für eine technische Anleitung für Probenahme und Nachweis von gentechnisch veränderten Organismen.

2. Die Entwicklung des europäischen Lebensmittelrechts. Will man die Entwicklung des Lebensmittelrechts auf europäischer Ebene nachvollziehen, ist es hilfreich, sich das übergeordnete Ziel der **Herstellung eines Binnenmarktes** zu vergegenwärtigen. Der Binnenmarkt wird definiert als Raum ohne Binnengrenzen, in dem der freie Verkehr von Waren, Personen, Dienstleistungen und Kapital gewährleistet ist. Um das Ziel des Binnenmarktes im Bereich der Lebensmittel zu verwirklichen, wurde zunächst versucht, Handelshemmnisse zwischen den Mitgliedstaaten durch eine Harmonisierung der nationalen Bestimmungen abzubauen, zunächst noch ohne ein Gesamtkonzept. In der Folgezeit wurde der Bereich des Lebensmittelrechts durch eine Vielzahl von Richtlinien und Verordnungen geregelt, wobei zwischen zwei Regelungstypen unterschieden wird: „Horizontale" Regelungen sind produktübergreifend; „vertikale" Regelungen sind produktgruppenspezifisch. Beispiele für horizontale Regelungen sind etwa die bereits genannte Basisverordnung oder die Kennzeichnungsrichtlinie. Als Beispiele für vertikale Regelungen können die Richtlinie 2000/36/EG über Kakao- und Schokoladenerzeugnisse oder die Streichfett-Verordnung (EG) Nr. 2991/94 genannt werden.

Eine vollständige Aufzählung oder gar Erläuterung aller lebensmittelrechtlichen Vorschriften im Rahmen dieses Lehrbuchs ist weder möglich noch zielführend, denn hier kann es nur um die Einführung in eine komplexe Materie gehen. Wie komplex, das mag die Schätzung im Kommentar *Zipfel/Rathke* zeigen (B. Einführung, Rn. 27), nach der das Lebensmittelrecht rund 40 (nationale) Gesetze, 100 Verordnungen und über 30 EG-Verordnungen umfasst, die fortlaufend, teilweise kurzfristig geändert werden. Die gute Nachricht für Stu-

15

16

dierende: In der täglichen Praxis begegnet man den meisten Regelungen nie. Einigen Regelungen begegnet man hingegen ständig, und auf diese „üblichen Verdächtigen" will, ja muss sich dieses Lehrbuch beschränken.

17 Neben dem Erlass von Richtlinien und Verordnungen wurde der gemeinsame Binnenmarkt für Lebensmittel in Europa insbesondere durch den **Grundsatz der gegenseitigen Anerkennung** geprägt, der auf den Grundsatz der Warenverkehrsfreiheit (Art. 28 EG-Vertrag) und ein hierzu ergangenes Urteil des EuGH („Cassis de Dijon") zurückgeht. Die Europäische Kommission hat den Grundsatz der gegenseitigen Anerkennung in einer Mitteilung folgendermaßen zusammengefasst:

„Jedes aus einem Mitgliedstaat eingeführte Erzeugnis ist grundsätzlich im Hoheitsgebiet der anderen Mitgliedstaaten zuzulassen, sofern es rechtmäßig hergestellt worden ist, d. h. soweit es den im Ausfuhrland geltenden Regelungen oder den dort verkehrsüblichen, traditionsgemäßen Herstellungsverfahren entspricht, und in diesem Land in Verkehr gebracht worden ist. [...] Nach den vom Gerichtshof aufgestellten Grundsätzen kann ein Mitgliedstaat den Verkauf eines in einem anderen Mitgliedstaat rechtmäßig hergestellten und in den Verkehr gebrachten Erzeugnisses grundsätzlich nicht verbieten, auch wenn dieses Erzeugnis nach anderen technischen oder qualitativen Vorschriften als den für die inländischen Erzeugnisse geltenden Vorschriften hergestellt worden ist."

18 Der Grundsatz der gegenseitigen Anerkennung litt lange Zeit darunter, dass er von Lebensmittelherstellern nicht selten vor dem Europäischen Gerichtshof durchgesetzt werden musste. Zwischenzeitlich hat nicht nur der deutsche Gesetzgeber den Grundsatz in den nationalen Vorschriften des Lebensmittelrechts deklaratorisch aufgegriffen (§ 54 LFGB, zuvor 47a LMBG).

19 Lange Zeit wurde gegen den Grundsatz der gegenseitigen Anerkennung eingewandt, dass er faktisch zu einer Harmonisierung auf dem Niveau des Mitgliedstaats mit dem niedrigsten Standard führe. Mittlerweile lässt sich sagen, dass diese Sorge unbegründet sein dürfte: Die stetig wachsende Zahl europäischer Rechtsvorschriften stellt sicher, dass bis in den letzten Bereich ein hohes Sicherheits- und Verbraucherschutzniveau in allen Mitgliedstaaten besteht. Der Grundsatz der gegenseitigen Anerkennung ist vor allem noch in solchen Fällen von Bedeutung, in denen unterschiedliche Verkehrsauffassungen zu Produkten und deren Bezeichnung bestehen. Fehlvorstellungen des Verbrauchers wird durch die z. T. gesetzlich verankerte Pflicht zur Kenntlichmachung der Abweichung von der Verkehrsauffassung vorgebeugt (vgl. § 54 Abs. 4 LFGB).

2. Kapitel   **Grundlagen des Lebensmittelrechts**

Die Grundlagen des Lebensmittelrechts finden sich im Wesentlichen in zwei **20**
Rechtsvorschriften, der Basisverordnung (EG) Nr. 178/2002 und dem (nationalen) LFGB. Beide Gesetze ergänzen einander und betreffen – soweit dies aufgrund des Anwendungsvorrangs des europäischen Rechts zulässig und möglich ist – teilweise auch die gleichen Regelungsbereiche. Dabei hat das LFGB
vor allem die Funktion, die Basisverordnung dort zu ergänzen, wo es der deutsche Gesetzgeber für erforderlich hält; daneben besteht Regelungsbedarf insbesondere hinsichtlich der **Bewehrung von Verstößen** gegen das europäische
Lebensmittelrecht mit Straf- und Bußgeldtatbeständen.

 →   Verordnungstext Basisverordnung

I.   **Lebensmittelrechtliche Grundbegriffe**

Die Basisverordnung enthält in ihrem ersten Kapitel einige Begriffsbestim- **21**
mungen, die für die Anwendung der lebensmittelrechtlichen Vorschriften
wichtig sind. Manche erklären sich von selbst; andere bedürfen der Erläuterung. Auf einige der Grundbegriffe des Lebensmittelrechts soll daher im Folgenden eingegangen werden.

> Keine Angst vor dem Umgang mit umfangreichen EU-Verordnungen und
> Gesetzen. Der Aufbau ist in der Regel gleich: Auf einen allgemeinen Teil, in
> dem der Anwendungsbereich beschrieben wird und häufig wichtige Begriffe
> definiert werden, folgt der besondere, regelnde Teil. Regelungen zu Über-
> gangsfristen und dem Inkrafttreten sind üblicherweise in den letzten Arti-
> keln oder Paragraphen enthalten. Anhänge regeln häufig technische Details.
> Wie eine Vorschrift auszulegen ist, ergibt sich bei europäischen Rechtsvor-
> schriften häufig aus den Erwägungsgründen, die dem eigentlichen Verord-
> nungs- oder Richtlinientext vorangestellt sind.

1. Der Begriff des Lebensmittels. Auf den ersten Blick mag es überraschend **22**
erscheinen, dass der Begriff des Lebensmittels überhaupt definiert werden

muss. In der Regel muss auf die Definition auch nicht zurückgegriffen werden, geht es doch im Wesentlichen bei der Begriffsbestimmung in Art. 2 Basisverordnung um die Abgrenzung zu anderen Rechtsbereichen, wie etwa dem Futtermittelrecht und dem Arzneimittelrecht. Seinem Ziel der Klarstellung kann die Regelung allerdings nur bedingt gerecht werden. Die grundlegende Definition des Lebensmittels lautet:

> **§** „Im Sinne dieser Verordnung sind ‚Lebensmittel' alle Stoffe und Erzeugnisse, die dazu bestimmt sind oder von denen nach vernünftigem Ermessen erwartet werden kann, dass sie in verarbeitetem, teilweise verarbeitetem oder unverarbeitetem Zustand vom Menschen aufgenommen werden."

23 Darüber hinaus werden auch Getränke, Kaugummi, Wasser sowie alle Stoffe, die dem Lebensmittel bei seiner Herstellung oder Ver- oder Bearbeitung absichtlich zugesetzt werden, in den Kreis der Lebensmittel ausdrücklich **einbezogen**. Damit ist klargestellt, dass auch Zusatzstoffe, Aromen oder Enzyme – also Stoffe, die als solche üblicherweise nicht verzehrt werden – Lebensmittel im Sinne der Basisverordnung sind, sofern sie im Rahmen ihrer Zweckbestimmung verwendet werden; das Gleiche gilt für Rohstoffe, Vorerzeugnisse oder Halberzeugnisse. Durch die weite Formulierung „Stoffe und Erzeugnisse" wird zudem klargestellt, dass es weder auf den Aggregatszustand eines Stoffs ankommt, noch auf die Frage, ob ein Stoff wegen seines Nährwerts oder seiner technologischen Wirkung eingesetzt wird.

24 Ausdrücklich vom Begriff des Lebensmittels **ausgeschlossen** sind Futtermittel, lebende Tiere, soweit sie nicht für das Inverkehrbringen zum menschlichen Verzehr hergerichtet worden sind, Pflanzen vor dem Ernten, Arzneimittel, kosmetische Mittel, Tabak und Tabakerzeugnisse, Betäubungsmittel und psychotrope Stoffe sowie Rückstände und Kontaminanten.

25 Im Einzelfall kann auch die **Zweckbestimmung** darüber entscheiden, ob es sich bei einem Stoff um ein Lebensmittel oder z. B. ein Futtermittel handelt. Getreide eignet sich sowohl als Rohstoff für die Herstellung von Lebensmitteln als auch für die Herstellung von Futtermitteln. Welche Regelungen bei der Weiterverarbeitung zu beachten sind, richtet sich nach der Zweckbestimmung des Verwenders.

26 **a) Spezielle Gruppen von Lebensmitteln.** Der Lebensmittelbegriff der Basisverordnung umfasst auch spezielle Lebensmittel, von denen die zwei wichtigsten Gruppen im Folgenden kurz erläutert werden sollen. Es handelt sich um Nahrungsergänzungsmittel und diätetische Lebensmittel. In der Praxis ist es gelegentlich schwierig, diese Erzeugnisse von Arzneimitteln abzugrenzen (hierzu im folgenden Abschnitt).

aa) Nahrungsergänzungsmittel. Nahrungsergänzungsmittel werden in der **27** Richtlinie 2002/46/EG zur Angleichung der Rechtsvorschriften der Mitgliedstaaten über Nahrungsergänzungsmittel geregelt. Der deutsche Gesetzgeber hat die Vorgaben dieser Richtlinie in der nationalen Nahrungsergänzungsmittelverordnung (NemV) umgesetzt. Bei Nahrungsergänzungsmitteln handelt es sich um Lebensmittel, die

- dazu bestimmt sind, die normale Ernährung zu ergänzen und
- aus Einfach- oder Mehrfachkonzentraten von Nährstoffen oder sonstigen Stoffen mit ernährungsspezifischer oder physiologischer Wirkung bestehen und
- **in dosierter Form** in den Verkehr gebracht werden (z. B. als Tabletten, Kapseln, Pastillen, Ampullen).

Die Rechtsvorschriften über Nahrungsergänzungsmittel betreffen vor allem **28** Fragen der **Zusammensetzung**; so dürfen nur bestimmte, in Anhang I der Richtlinie genannte Vitamine und Mineralstoffe bei der Herstellung verwendet werden. Daneben gelten **umfangreiche Kennzeichnungsvorschriften**. Neben den allgemeinen Vorgaben der Kennzeichnungsrichtlinie müssen auch Angaben zu den verwendeten Stoffen gemacht werden, ergänzt um die Angaben der empfohlenen täglichen Verzehrsmenge (in Portionen) sowie um einen Warnhinweis, die angegebene empfohlene Tagesdosis nicht zu überschreiten. Erforderlich ist auch der Hinweis, dass Nahrungsergänzungsmittel nicht als Ersatz für eine abwechslungsreiche Ernährung verwendet werden sollen. Schließlich ist zu beachten, dass auch für Nahrungsergänzungsmittel das Verbot der krankheitsbezogenen Werbung gilt (hierzu unten Rn. 454).

bb) Diätetische Lebensmittel. Diätetische Lebensmittel sind auf europäischer **29** Ebene durch die sog. Diätrahmenrichtlinie 89/398/EWG geregelt, die vom deutschen Gesetzgeber mit der Diätverordnung in nationales Recht umgesetzt wurde. Diätetische Lebensmittel sind Lebensmittel, die **für eine besondere Ernährung bestimmt** sind. Dies ist der Fall, wenn sie den besonderen Ernährungserfordernissen der folgenden Verbrauchergruppen bestimmt sind:

- Bestimmte Gruppen von Personen, deren Verdauungs- oder Resorptionsprozess oder Stoffwechsel gestört ist;
- Bestimmte Gruppen von Personen, die sich in besonderen physiologischen Umständen befinden und deshalb einen besonderen Nutzen aus der kontrollierten Aufnahme bestimmter in der Nahrung enthaltener Stoffe ziehen können;

- Besondere Ernährungserfordernisse gesunder (sonst: Arzneimittel) Säuglinge und Kleinkinder.

30   Diätetische Lebensmittel müssen sich **für den angegebenen Zweck eignen** und mit einem **Hinweis** darauf in Verkehr gebracht werden, dass sie für diesen Zweck geeignet sind. Darüber hinaus ist es erforderlich, dass sie sich aufgrund ihrer Zusammensetzung von „gewöhnlichen" Lebensmitteln, den Lebensmitteln des allgemeinen Verzehrs, unterscheiden. Umgekehrt verbietet es die Diätverordnung, dass Lebensmittel des allgemeinen Verzehrs in Aufmachungen in Verkehr gebracht oder mit Auslobungen beworben werden, die den Anschein erwecken können, es handele sich um ein diätetisches Lebensmittel. Folgende Gruppen diätetischer Lebensmittel sind in der Diätverordnung geregelt:

- Lebensmittel für Diabetiker (die Abschaffung dieser Gruppe von diätetischen Lebensmitteln ist allerdings bereits vom Gesetzgeber beschlossen, da besondere Lebensmittel für Diabetiker in der neueren Ernährungswissenschaft nicht mehr für erforderlich gehalten werden);
- Lebensmittel für Natriumempfindliche;
- Lebensmittel für Säuglinge und Kleinkinder;
- Lebensmittel für eine kalorienarme Ernährung;
- Bilanzierte Diäten. Diese sind für die diätetische Behandlung von Patienten mit einem besonderen, medizinisch bedingten Nährstoffbedarf, bestimmt. Beispiel: Sondennahrung, wie sie in Krankenhäusern verabreicht wird.

31   **b) Abgrenzung zu Arzneimitteln.** Bei einigen Produkten – insbesondere bei den soeben erörterten Nahrungsergänzungsmitteln und diätetischen Lebensmitteln – ist die Frage, ob es sich um ein Lebensmittel oder bereits um ein Arzneimittel handelt, nicht leicht zu beantworten. Auch im Bereich des „**Functional Food**" (damit sind Lebensmittel gemeint, die einen gesundheitlichen Zusatznutzen versprechen) ist oft nicht eindeutig, ob ein Lebensmittel oder ein (zulassungsbedürftiges) Arzneimittel vorliegt. Arzneimittel werden vom europäischen Gesetzgeber folgendermaßen definiert:

32   **Arzneimittel** im Sinne der Richtlinie 2001/83/EG zur Schaffung eines Gemeinschaftskodexes für Humanarzneimittel sind

- „alle Stoffe oder Stoffzusammensetzungen, die als Mittel zur Heilung oder zur Verhütung menschlicher Krankheiten bestimmt sind" (sog. Präsentationsarzneimittel) sowie
- „alle Stoffe oder Stoffzusammensetzungen, die im oder am menschlichen Körper verwendet werden oder einem Menschen verabreicht werden kön-

nen, um entweder die menschlichen physiologischen Funktionen durch eine pharmakologische, immunologische oder metabolische Wirkung wiederherzustellen, zu korrigieren oder zu beeinflussen oder eine medizinische Diagnose zu erstellen" (sog. Funktionsarzneimittel).

Die Abgrenzung ist in der Praxis im Einzelnen außerordentlich umstritten, was **33** auch daran liegt, dass der maßgebliche Abgrenzungsbegriff „pharmakologisch" letztlich nichts darüber aussagt, ob ein Erzeugnis auch wie ein Arzneimittel wirkt. Es handelt sich um einen unbestimmten Rechtsbegriff, der der Auslegung bedarf; im Streitfall kommt dabei häufig den eingeholten Sachverständigengutachten eine entscheidende Bedeutung zu.

> **Beispiel 1:** **34**
> Ein Hersteller bringt ein als Nahrungsergänzungsmittel aufgemachtes Präparat für Sportler in Verkehr, dass unter anderem mit den folgenden Angaben beworben wird:
> - *„Der erfrischende Fertigdrink mit 1.000 mg L-Carnitine unterstützt optimal die Energiefreisetzung im Fettstoffwechsel und fördert die Ausdauer im Training."*
> - *„Mit 1.000 mg L-Carnitine pro Liter Fertiggetränk [...]– speziell für alle Aerobic- und Spinning-Freaks die [...] Fett verbrennen wollen – enthält wertvolle Mineralien und Vitamine, um Trainingsverluste und Defizite auszugleichen."*
> Für das Mittel besteht keine Zulassung nach dem Arzneimittelgesetz. Der Kläger hält die Produkte der Beklagten für Arzneimittel, die als solche mangels Zulassung weder beworben noch vertrieben werden dürften.
> Der BGH hat in seiner Entscheidung zu diesem Sachverhalt ausdrücklich eine pharmakologische Wirkung von L-Carnitin in der besagten Tagesdosis verneint, da L-Carnitin – nach dem Ergebnis der vorliegenden Sachverständigengutachten – in der Dosierung bis 1.000 mg nur die sich aus der Eigenschaft von Carnitin als Nährstoff ergebene physiologische, aber keine darüber hinausgehende pharmakologische Wirkung habe (BGH, Urteil vom 26.6.2008, ZLR 2008, S. 619 ff.).

In der Entscheidung hat der BGH die grundlegende Rechtsprechung des **35** EuGH (EuGH, Urteil vom 15.11.2007, ZLR 2008, S. 48 ff. – Knoblauchkapseln) zu einem Knoblauchpräparat berücksichtigt, die am folgenden Beispiel erläutert werden soll:

36

> **Beispiel 2:**
> Ein Hersteller bringt ein in Kapseln abgefülltes Knoblauchextrakt-Pulver in Verkehr, das bei der angegebenen Dosierung dieselbe Menge Allicien enthält, wie 7,4 g roher frischer Knoblauch.
> Der EuGH hat das Vorliegen eines Arzneimittels mit der Begründung verneint, die physiologischen Wirkungen des Pulvers könnten auch durch den Verzehr der entsprechenden Menge Knoblauch als Lebensmittel erzielt werden. Der EuGH steht auf dem Standpunkt, dass Stoffe, die zwar auf den menschlichen Körper einwirken, sich aber nicht nennenswert auf den Stoffwechsel auswirken und somit dessen Funktionsbedingungen nicht wirklich beeinflussen, nicht als Funktionsarzneimittel einzustufen sind. Enthalte ein Erzeugnis im Wesentlichen einen Stoff, der auch in einem Lebensmittel in dessen natürlichem Zustand vorhanden ist, so besitze es keine nennenswerten Auswirkungen auf den Stoffwechsel, wenn seine Auswirkungen auf die physiologischen Funktionen nicht über die Wirkungen hinausgehen, die ein in angemessener Menge verzehrtes Lebensmittel auf diese Funktionen haben kann. Es könne dann nicht als ein Erzeugnis eingestuft werden, dass die physiologischen Funktionen wiederherstellen, bessern oder beeinflussen kann.

37 Beim grenzüberschreitenden Vertrieb bestimmter Produkte kann neben den Abgrenzungsfragen auch das Problem bestehen, dass ein Produkt in einem Mitgliedstaat nur als Arzneimittel verkehrsfähig ist, während es in einem anderen Mitgliedstaat z. B. als Nahrungsergänzungsmittel vertrieben werden darf. Bei solchen „Borderlineprodukten" greift die **Zweifelsregelung**, wenn die Voraussetzungen eines Arzneimittels und eines Lebensmittels gleichermaßen vorliegen. Kann ein Erzeugnis unter Berücksichtigung aller seiner Eigenschaften sowohl unter die Definition des Arzneimittels als auch unter die des Lebensmittels gefasst werden, ist im Zweifel von einem Arzneimittel auszugehen.

38 **2. Lebensmittelunternehmen und Lebensmittelunternehmer.** Ob eine bestimmte Tätigkeit an den Vorschriften des Lebensmittelrechts zu messen ist, kann grundlegend davon abhängen, ob das Unternehmen als Lebensmittelunternehmen anzusehen ist. Gemäß Art. 3 Nr. 2 Basisverordnung sind Lebensmittelunternehmen alle Unternehmen, die mit **Produktion, der Verarbeitung und dem Vertrieb** von Lebensmitteln „zusammenhängende Tätigkeiten" ausführen. Die weite Begriffsbestimmung umfasst die gesamte Lebensmittelherstellungskette „vom Stall bis zum Tisch" auf der „Produktions-, Verarbeitungs- und Vertriebsstufe". Da auch die „zusammenhängenden Tätigkeiten" ausdrücklich genannt sind, kann auch ein Speditions- oder Reinigungsunternehmen ein Lebensmittelunternehmen sein. Da allerdings ein direkter Zusammenhang mit Lebensmitteln bestehen muss, kann ein Reinigungsunternehmen, das die Büroräume eines Lebensmittelherstellers reinigt, nicht selbst auch als Lebensmittelunternehmen gelten. Etwas anderes gilt jedoch für ein Reinigungsunternehmen, das den Produktionsbereich oder Produktionsmittel wie etwa Maschinen reinigt.

Auf eine **Gewinnerzielungsabsicht** kommt es für die Eigenschaft als Lebensmittelunternehmen nicht an. Daher werden auch die sog. Tafeln, die Lebensmittel an Bedürftige verteilen, verbreitet unter den Begriff der Lebensmittelunternehmen gefasst, obwohl weitestgehend Einigkeit darüber besteht, dass es in vielen Bereichen unangemessen ist. Tafeln dem Regime des Lebensmittelrechts zu unterwerfen; dies gilt insbesondere für den Bereich der Rückverfolgbarkeit, in dem auf nationaler Ebene immerhin Einigkeit über ein vereinfachtes Dokumentationsverfahren erzielt wurde (vgl. hierzu *Meyer/Streinz*, Art. 18 BasisVO, Rn. 9 f.; zur Rückverfolgbarkeit s. Rn. 71 ff.). **39**

Der Lebensmittelunternehmer ist gemäß Art. 3 Nr. 3 Basisverordnung der „**Verantwortliche**", der dafür einzustehen hat, „dass die Anforderungen des Lebensmittelrechts in dem seiner Kontrolle unterstehenden Lebensmittelunternehmen erfüllt werden." Welche natürliche Person in einem Unternehmen tatsächlich verantwortlich ist, richtet sich zum einen nach der Rechtsform des Unternehmens und zum anderen danach, ob bestimmte Pflichten im zulässigen Umfang auf andere Mitarbeiter des Unternehmens übertragen (delegiert) wurden. Auf die Verantwortung der Lebensmittelunternehmer wird im Einzelnen in einem gesonderten Kapitel eingegangen (s. ⊙ Rn. 78 ff.). **40**

3. Inverkehrbringen von Lebensmitteln. Zu welchem Zeitpunkt ein Lebensmittel „in Verkehr gebracht" wurde, kann für den Umfang der Pflichten des Lebensmittelunternehmers von entscheidender Bedeutung sein; dies gilt vor allem in Krisenfällen, in denen sich ein Lebensmittel als „nicht sicher" herausstellt (hierzu unter Rn. 59 ff.). Ob ein Lebensmittel in Verkehr gebracht wurde oder nicht, kann im Einzelfall sogar für die strafrechtliche Verantwortung eines Lebensmittelunternehmers eine Rolle spielen. In Art. 3 Nr. 8 Basisverordnung wird das Inverkehrbringen definiert als **41**
- das Bereithalten von Lebensmitteln oder Futtermitteln für Verkaufszwecke,
- das Anbieten zum Verkauf,
- der Verkauf,
- der Vertrieb und
- jede Form der Weitergabe.

42 In Einzelfällen ist die Abgrenzung schwierig; dies betrifft vor allem den fließenden Übergang zwischen Herstellungsprozess und Inverkehrbringen.

43
> **Beispiele:**
> - In einer Metzgerei werden aus verdorbenen Ausgangserzeugnissen hergestellte, zum Reifen aufgehängte Rohwürste gefunden.
> - In der Frittierwanne einer Imbissbude wird verdorbenes Frittenfett vorgefunden. Der Betreiber macht geltend, dass er das Fett vor der nächsten Verwendung der Friteuse austauschen wollte.
> - In der Tiefkühltruhe einer Gaststätte wird eine Packung mit verdorbenem Hackfleisch gefunden. Der Gastwirt behauptet, das Hackfleisch sei zum privaten Verzehr bestimmt gewesen.

44 In den drei Beispielen kommt nur ein „**Bereithalten von Lebensmitteln für Verkaufszwecke**" in Betracht.

45 **Im ersten Beispiel** war der Herstellungsprozess des Lebensmittels (Reifung) noch nicht abgeschlossen, so dass die Würste (noch) nicht zu Verkaufszwecken bereitgehalten wurden.

46 **Im zweiten Beispiel** wird der Beamte der Lebensmittelüberwachungsbehörde von einer reinen Schutzbehauptung des Imbissbudenbetreibers ausgehen, da Frittenfett üblicherweise nach seiner letzten Verwendung abgelassen wird; es ist daher davon auszugehen, dass es zu Verkaufszwecken (auch das den Pommes Frites anhaftende Fett wird (mit)verkauft) bereitgehalten wurde.

47 **Im dritten Beispiel** ist die Verkaufsabsicht zweifelhaft; hier wird der Beamte der Lebensmittelüberwachung aufgrund der vorliegenden Indizien entscheiden: Unmittelbarer räumlicher Zusammenhang zwischen Gaststätte und Privatwohnung des Gastwirts? Wenn ja, gibt es eine separate, ausschließlich für private Zwecke genutzte Tiefkühltruhe?

48 Für die praktisch relevante Fallgruppe „Bereithalten zu Verkaufszwecken" können nach alledem die folgenden Bedingungen festgehalten werden:
- Der Herstellungsprozess des Lebensmittels muss abgeschlossen sein.
- Die Ware muss die im Betrieb vorgesehenen Endkontrollen für die ordnungsgemäße Beschaffenheit durchlaufen haben.
- Der Verkaufszweck muss positiv festgestellt werden und sich aus den Umständen des Einzelfalls ergeben.

Wann ein Lebensmittel „**zum Verkauf angeboten**" wird, ist dagegen recht ein- **49** deutig zu bestimmen: Erforderlich ist eine Verkaufsabsicht, die durch eine – auch nur schlüssige – Erklärung zum Ausdruck gebracht werden muss. An dieser Verkaufsabsicht fehlt es z. B., wenn abgelaufene Ware gesondert im Ver- kaufsraum gelagert wird und durch die Instruktion der Mitarbeiter gewährleis- tet ist, dass eine Veräußerung nicht mehr erfolgt.

II. Allgemeine lebensmittelrechtliche Grundsätze

Kapitel II der Basisverordnung enthält die allgemeinen Prinzipien des Lebens- **50** mittelrechts, von denen die Wichtigsten im Folgenden erläutert werden sollen. Zu den allgemeinen Grundsätzen gehören das Prinzip der **Risikoanalyse**, das **Vorsorgeprinzip**, das Gebot der **Lebensmittelsicherheit**, der **Schutz der Ver- braucherinteressen** (insbesondere der Schutz vor Täuschung), das Prinzip der **Rückverfolgbarkeit** sowie die Grundsätze der **Transparenz**, die insbesondere die Information der Öffentlichkeit umfassen.

1. Risikoanalyse und Vorsorgeprinzip. Die Risikoanalyse als eines der Grund- **51** prinzipen des Lebensmittelrechts hat das Ziel, das Leben und die Gesundheit der Verbraucher zu schützen; genauer ausgedrückt: ein hohes Schutzniveau für die Verbraucher zu erreichen. Nach seiner Systematik richtet sich das Prinzip an die Behörden, die das Lebensmittelrecht vollziehen sowie an die **Europä- ische Behörde für Lebensmittelsicherheit** (EFSA, hierzu auch Rn. 55); das Prin- zip liefert allerdings für die Lebensmittelwirtschaft vor allem in Krisenfällen hilfreiche Anhaltspunkte für die Krisenbewältigung. Um das Prinzip der Risi- koanalyse zu verstehen, sollten einige Grundbegriffe bekannt sein:

„**Risiko**" ist eine Funktion der Wahrscheinlichkeit einer die Gesundheit beein- **52** trächtigenden Wirkung und der Schwere dieser Wirkung als Folge der Realisie- rung einer Gefahr (Art. 3 Nr. 9 Basisverordnung).

„**Gefahr**" ist ein biologisches, chemisches oder physikalisches Agens in einem **53** Lebensmittel oder ein Zustand eines Lebensmittels, der eine Gesundheitsbe- einträchtigung verursachen kann (Art. 3 Nr. 14 Basisverordnung).

Die **Risikoanalyse** ist ein Prozess aus drei miteinander verbundenen Einzel- **54** schritten: Risikobewertung, Risikomanagement und Risikokommunikation (Art. 3 Nr. 10 Basisverordnung):

- **Risikobewertung** wird als wissenschaftlich untermauerter Vorgang definiert, der vier Stufen vorsieht:
Gefahridentifizierung → Gefahrenbeschreibung → Expositionsabschätzung → Risikobeschreibung.
Die Risikobewertung liefert wissenschaftliche Erkenntnisse über die Wahrscheinlichkeit von Gesundheitsschäden und deren Ausmaß beim Verzehr von Lebensmitteln.
- **Risikomanagement** ist der Prozess der Abwägung strategischer Alternativen in Konsultation mit den Beteiligten unter Berücksichtigung der Risikobewertung und anderer wichtiger Faktoren und gegebenenfalls die Wahl geeigneter Präventions- und Kontrollmöglichkeiten.
- **Risikokommunikation** ist der interaktive Austausch von Informationen und Meinungen über Gefahren und Risiken, risikobezogene Faktoren und Risikowahrnehmung im Rahmen der Risikoanalyse.

55 Auf europäischer Ebene wird das Prinzip der **Risikoanalyse** von der EFSA mit Sitz in Parma umgesetzt. So liegt ein wesentlicher Aufgabenbereich der EFSA in der Bewertung wissenschaftlicher Erkenntnisse über die Wahrscheinlichkeit von Gesundheitsschäden und deren Ausmaß beim Verzehr von Lebensmitteln. Die von der EFSA gewonnenen Erkenntnisse dienen der Beratung politischer Entscheidungsträger auf europäischer Ebene. Ihre rechtliche Grundlage hat die EFSA in Kapitel III der Basisverordnung (Art. 22 ff.). Auf nationaler Ebene kommt diese Aufgabe dem Bundesinstitut für Risikobewertung (BfR) zu.

56 In den Bereich der **Risikokommunikation** fällt das **Europäische Schnellwarnsystem für die Meldung eines von Lebensmitteln oder Futtermitteln ausgehenden unmittelbaren oder mittelbaren Risikos für die menschliche Gesundheit.** Wie die EFSA selbst wurde auch das Schnellwarnsystem durch die Basisverordnung eingerichtet. Das System ist auch unter der Abkürzung RASFF (Rapid Alert System for Food and Feed) bekannt und zeichnet sich durch eine Netzstruktur aus; daran beteiligt sind gemäß den Artikeln 50 Abs. 1 Satz 2, 22 Basisverordnung Kontaktstellen

- der Mitgliedstaaten,
- der Europäischen Kommission und
- der EFSA.

57 Liegen bei einem der Beteiligten Informationen über das Vorhandensein eines ernsten unmittelbaren oder mittelbaren Risikos für die menschliche Gesundheit vor, das von einem Lebens- oder Futtermittel ausgeht, so wird dies über das Schnellwarnsystem der Kommission gemeldet. Diese leitet die Meldung unverzüglich an die Mitglieder des Netzes weiter. Ob auf Grundlage der Meldung die Bevölkerung informiert oder gewarnt wird, liegt in der Entscheidung der einzelnen Mitgliedstaaten.

Obwohl im Schnellwarnsystem immer wieder auch gesundheitlich irrelevante Sachverhalte gemeldet werden, ist es für Lebensmittelhersteller ratsam, im Rahmen der Risikoprävention einen täglichen Blick in die Meldungen zu werfen. So kann möglicherweise frühzeitig auf ein Risiko durch einen unsicheren Rohstoff reagiert werden, bevor dieser weiterverarbeitet wird. Die Meldungen des Europäischen Schnellwarnsystems können als Wochenübersicht auf folgenden Seiten abgerufen werden: **58**

- http://ec.europa.eu/food/food/rapidalert/index_en.htm
- http://www.bvl.bund.de → Lebensmittel → Sicherheit und Kontrollen → Schnellwarnsysteme → Meldungen im Europäischen Schnellwarnsystem für Lebensmittel und Futtermittel (Seite des Bundesamtes für Verbraucherschutz und Lebensmittelsicherheit, BVL)

2. Lebensmittelsicherheit. Der Begriff der Lebensmittelsicherheit ist einer der zentralen Begriffe im Lebensmittelrecht, denn hierbei geht es um die entscheidende Frage, ob ein Lebensmittelunternehmer das von ihm hergestellte (oder zum Zweck der Weiterveräußerung erworbene) Erzeugnis überhaupt in Verkehr bringen darf: Art. 14 Abs. 1 Basisverordnung bestimmt, dass Lebensmittel, die **nicht sicher** sind, **nicht in Verkehr gebracht werden dürfen**. Die Frage, wann ein Lebensmittel nicht sicher ist, wird in Abs. 2 von Art. 14 konkretisiert. Danach gelten Lebensmittel als nicht sicher, wenn davon auszugehen ist, dass sie **59**

- gesundheitsschädlich oder
- für den Verzehr durch den Menschen ungeeignet sind.

Bei der Entscheidung der Frage, ob ein Lebensmittel sicher ist oder nicht, sind weiter zu berücksichtigen **60**

- die normalen Bedingungen seiner Verwendung durch den Verbraucher und auf allen Produktions-, Verarbeitungs- und Vertriebsstufen sowie
- die dem Verbraucher vermittelten Informationen einschließlich der Angaben auf dem Etikett oder sonstige ihm normalerweise zugängliche Informationen über die Vermeidung bestimmter die Gesundheit beeinträchtigender Wirkungen eines bestimmten Lebensmittels oder einer bestimmten Lebensmittelkategorie.

a) Gesundheitsschädliche Lebensmittel. Wenn in der Praxis von einem Verkehrsverbot für ein Lebensmittel ausgegangen wird, liegt in aller Regel ein Fall **61**

der Gesundheitsschädlichkeit vor. Gem. Art. 14 Abs. 4 sind bei der Frage, ob ein Lebensmittel **gesundheitsschädlich** ist, folgende Aspekte zu berücksichtigen:

- die wahrscheinlichen sofortigen und/oder kurzfristigen und/oder langfristigen Auswirkungen des Lebensmittels nicht nur auf die Gesundheit des Verbrauchers sondern auch auf nachfolgenden Generationen,
- die wahrscheinlichen kumulativen toxischen Auswirkungen,
- die besondere gesundheitliche Empfindlichkeit einer bestimmten Verbrauchergruppe, falls das Lebensmittel für diese Gruppe von Verbrauchern bestimmt ist.

62 Zur Auslegung der Frage, wann ein Lebensmittel gesundheitsschädlich ist, kann die **Allgemeine Verwaltungsvorschrift für die Durchführung des Schnellwarnsystems** für Lebensmittel und Futtermittel sowie für Meldungen über Futtermittel (AVV Schnellwarnsystem – AVV SWS) herangezogen werden. Nach § 7 AVV SWS liegt ein unmittelbares oder mittelbares Risiko für die menschliche Gesundheit dann vor, wenn ein Lebensmittel

- nach nationalem oder europäischem Recht verbotene Stoffe enthält;
- Rückstände von Pflanzenschutzmitteln oder deren Reaktionsprodukten enthält, für die ein ARfD-Wert festgelegt ist, der bei Verzehr des Lebensmittels überschritten wird; das BfR hat für die Beurteilung, ob von Lebensmitteln, die mit Pflanzenschutzmittelrückständen oder mit Pilztoxinen, Bakterien oder Viren belastet sind, ein Risiko für die menschliche Gesundheit ausgeht, einen **Kriterienkatalog** aufgestellt (BfR-Kriterienkatalog für Meldungen nach der Allgemeinen Verwaltungsvorschrift Schnellwarnsystem für Lebensmittel und Futtermittel (Information Nr. 043/2008 des BfR vom 20. November 2008, kann auf der Internetseite des BfR abgerufen werden: www.bfr.bund.de);
- Rückstände von Pflanzenschutzmitteln oder deren Abbau- oder deren Reaktionsprodukten enthält, für die kein ARfD-Wert, aber ein ADI-Wert festgelegt ist, der bei Verzehr des Lebensmittels deutlich überschritten wird;
- fruchtschädigende, ergbutschädigende oder krebsauslösende Stoffe enthält und eine gemeinschaftsrechtlich geregelte Höchstmenge, oder, soweit nicht vorhanden, eine nationale Höchstmenge überschreitet;
- Pilze, Pilztoxine, Bakterien oder von ihnen gebildete Toxine, Algentoxine, Parasiten, Stoffwechselprodukte oder Viren enthält, die nach Art, Zahl oder Menge geeignet sind, die menschliche Gesundheit zu schädigen;
- radioaktiv verseucht ist.

63 Darüber hinaus wird von einem unmittelbaren oder mittelbaren Risiko für die menschliche Gesundheit ausgegangen, wenn es sich um ein **nicht zugelasse-**

nes gentechnisch verändertes Lebensmittel oder um nicht zugelassenes Novel-Food (zum Begriff Novel Food s. Rn. 56) handelt. Eine weitere Gruppe der gesundheitsschädlichen Lebensmittel können z. B. kühlpflichtige Lebensmittel sein, die wegen der Nichteinhaltung der Kühlkette zurückgewiesen wurden.

Ob ein ernstes unmittelbares oder mittelbares Risiko für die menschliche Gesundheit vorliegt, ist nach der AVV SWS schließlich auch bei Lebensmitteln zu prüfen, deren **Deklaration oder Aufmachung** dazu führen kann, dass es bei entsprechender Verwendung zu einer gesundheitsschädigenden Wirkung kommen kann. **64**

Zur Frage, wann ein Lebensmittel **gesundheitsschädlich** ist und wann nicht, werden in der Literatur – unter Verweis auf entsprechende Gerichtsurteile oder Behördenentscheidungen – folgende **Beispiele** genannt: **65**
- **Aflatoxine:** Aflatoxine haben karzinogene, teratogene und immunsuppressive Eigenschaften. Sie sind bereits in kleinsten Dosen lebertoxisch (*Meyer/Streinz*, LFGB – Basisverordnung, Art. 14 Basisverordnung, Rn. 29 unter Verweis auf VG Stuttgart, LRE 35, 224 – Erdnussriegel). Von einer Gesundheitsgefahr kann allerdings nur dann ausgegangen werden, wenn die Höchstmenge von 5 µg/kg nach Verordnung (EG) Nr. 1881/2006 (Kontaminantenverordnung, hierzu Rn. 343) überschritten wird.
- Nach Auffassung des BMELV sowie des BfR wohl auch **Cumarin in Zimt;** dies muss jedenfalls dann gelten, wenn die in der Verordnung (EG) Nr. 1334/2008 über Aromen und bestimmte Lebensmittelzutaten mit Aromaeigenschaften zur Verwendung in und auf Lebensmitteln festgelegten Höchstwerte für Cumarin überschritten werden; in Bezug auf Zimt, der als solcher in Verkehr gebracht werden, ist die Aromenverordnung nicht unmittelbar anwendbar (Art. 2 Abs. 2 c Aromenverordnung). Aufgrund der in der Aromenverordnung festgelegten Höchstwerte für Cumarin in weiterverarbeiteten Lebensmitteln kann geschlossen werden, dass der Cumaringehalt in Zimt als solchem deutlich höher sein kann, ohne dass davon ausgegangen werden muss, dass der Zimt ein gesundheitsschädliches Lebensmittel sei. Dabei ist zu berücksichtigen, dass Zimt als solcher nur in sehr geringen Mengen verzehrt wird und im Übrigen auch nur in geringen Mengen in Weiterverarbeitungserzeugnissen enthalten ist. Führt die Verwendung von Zimt nicht zu einer Überschreitung des gesetzlich zugelassenen Höchstwertes für ein Lebensmittel, kann nicht unterstellt werden, dass der Zimt als solcher gesundheitsschädlich sei, auch wenn sein Cumaringehalt deutlich über den in Anhang III Teil B der Aromenverordnung festgelegten Höchstwerte liegt (hierzu Rn. 319).

- **Dioxinbelastung**.
- **Fremdkörper**: Glassplitter, Steine, Stahlspäne einer fehlerhaft arbeitenden Maschine.
- **Salmonellen (und andere pathogene Keime)**: Wie mit Salmonellenfunden in Lebensmitteln umzugehen ist, wird zum Teil uneinheitlich beantwortet. Salmonellen können zu lebensgefährdenden Magen- und Darmerkrankungen führen; dies soll unabhängig von dem Grad der Kontaminierung mit Salmonellen gelten, weil insbesondere abwehrgeschwächte Personen oder Personen mit noch nicht voll ausgebildetem Immunsystem auch bei sehr geringen Salmonellenzahlen erkranken.
- **Allergene**: Aus dem Vorhandensein nicht gekennzeichneter Spuren allergener Stoffe und Zutaten **kann nicht gefolgert werden, dass das Lebensmittel „nicht sicher" wäre**: Zwar ist gemäß Art. 14 Abs. 4c Basisverordnung auch die besondere gesundheitliche Empfindlichkeit einer bestimmten Verbrauchergruppe zu berücksichtigen, falls das Lebensmittel für diese Gruppe von Verbrauchern **bestimmt ist**. Dem Grunde nach ist es denkbar, auch bestimmte Allergiker oder an Überempfindlichkeiten leidende Personen als eine solche bestimmte Verbrauchergruppe aufzufassen. Die Einschränkung, dass das Lebensmittel für diese Gruppe von Verbrauchern bestimmt sein muss, steht dem allerdings entgegen. Wollte man durch die Vorschrift des Artikels 14 Abs. 4 c) einen besonderen Schutz für Allergiker begründen, hätte es dieses zweiten Halbsatzes nicht bedurft. Daher muss ein Hersteller von Lebensmitteln – über die gesetzlichen Regelungen z. B. der Allergenkennzeichnung hinaus – dem Schutz einer bestimmten Verbrauchergruppe nur dann Rechnung tragen, wenn das Lebensmittel speziell für diese Verbrauchergruppe bestimmt ist. Als Beispiele können Babynahrung oder diätetische Lebensmittel dienen. Andernfalls müsste ein Lebensmittelhersteller den denkbaren gesundheitlichen Empfindlichkeiten aller Verbraucher Rechnung tragen, was schlechthin unmöglich ist (s. auch ⊙ Rn. 119).

66

Beispielsfall:
Rinderhackfleisch wird in einer Fertigpackung in Verkehr gebracht, die mit dem Hinweis „Zum Rohverzehr nicht geeignet – vor dem Verzehr durcherhitzen" versehen ist. Bei der Untersuchung einer Probe des Lebensmittels wird ein Befall mit pathogenen Campylobacter-Keimen festgestellt. Liegt ein gesundheitsschädliches Lebensmittel im Sinne des Artikels 14 Basisverordnung vor?

Auch wenn bei einem Befall mit pathogenen Keimen grundsätzlich von einer Gesundheitsgefahr ausgegangen werden muss, sind die dem Verbraucher vermittelten Informationen einschließlich der Angaben auf dem Etikett oder sonstige ihm normalerweise zugängliche Informationen über die Vermeidung bestimmter die Gesundheit beeinträchtigender Wirkungen eines Lebensmittels zu berücksichtigen. Insofern ist der gegebene Hinweis ausreichend: Campylobacter wird durch das Durcherhitzen abgetötet, so dass das verzehrfertige Lebensmittel sicher ist. Vereinzelt wird in solchen Fällen darüber hinaus gefordert, dass der Hinweis einen eindeutigen Bezug zum gesundheitlichen Risiko aufweisen und die konkrete Gesundheitsgefahr benannt werden muss. Diese Forderung ist zurückzuweisen, da sie über den Wortlaut des Artikels 14 hinausgeht – es reicht aus, wenn der Hinweis geeignet ist, die konkrete Gesundheitsgefahr zu beseitigen; dass diese ausdrücklich genannt werden muss, kann der Vorschrift nicht entnommen werden. Sofern auf die Gefahr einer Kreuzkontamination im häuslichen Küchenbereich verwiesen wird, ist zu entgegnen, dass es nicht Aufgabe des Herstellers ist, dem Verbraucher auf der Verpackung eines Lebensmittels Lektionen in allgemeiner Küchenhygiene zu erteilen. Dies sind nämlich „sonstige ihm normalerweise zugängliche Informationen über die Vermeidung bestimmter die Gesundheit beeinträchtigender Wirkungen".

b) Zum Verzehr nicht geeignete Lebensmittel. Wann ein Lebensmittel **für den Verzehr durch den Menschen ungeeignet** ist, wird in Art. 14 Abs. 5 Basisverordnung präzisiert. Danach ist zu berücksichtigen, ob das Lebensmittel infolge einer durch Fremdstoffe oder auf andere Weise bewirkten Kontamination, durch Fäulnis, Verderb oder Zersetzung ausgehend von dem beabsichtigten Verwendungszweck für den Verzehr durch den Menschen inakzeptabel geworden ist. **67**

Nach der bisherigen Rechtsprechung sind Lebensmittel zum Verzehr ungeeignet, die bei ihrer Gewinnung, Herstellung oder späteren Behandlung durch natürliche oder willkürliche Einflüsse derart nachteiligen **Veränderungen ihrer äußeren oder inneren Beschaffenheit**, ihres Aussehens, ihres Geruchs oder Geschmacks ausgesetzt sind, dass ihr Verzehr nach allgemeiner Verkehrsauffassung ausgeschlossen ist. Erforderlich ist aber eine **Änderung der stofflichen Zusammensetzung des Lebensmittels**, namentlich durch Kontamination, Fäulnis oder Verderb. In der Praxis spielt die Kategorie „für den Verzehr durch den Menschen ungeeignet" nur eine untergeordnete Rolle, da häufig bereits ein gesundheitsschädliches Lebensmittel vorliegt. Aus der Rechtsprechung können folgende Beispiele genannt werden: **68**

- von Schimmel befallenes Lebensmittel (hier wird i. d. R. bereits ein gesundheitsschädliches Lebensmittel vorliegen);
- völlig verdreckte Betriebsstätte; Nichtbeachtung der Mindestanforderungen an die Hygiene;
- Befall mit Käfern, Milben, Raupen und Maden;
- mit Mäusekot verschmutzte Lebensmittel.

 Eine **nachträgliche Beseitigung der Verzehrsuntauglichkeit** wird in der Literatur für möglich gehalten; für die Eignung zum Verzehr kommt es auf den bestimmungsgemäßen Endzustand an (*Meyer/Streinz*, Art. 14 BasisVO, Rn. 39 f.). Dabei muss auch berücksichtigt werden, dass die meisten Naturprodukte nach ihrer Gewinnung ohnehin erst in einen verzehrfähigen Zustand gebracht werden müssen.

69 **Beispiele:**
Mit Schlamm verkrustete Zuckerrüben sind ebenso zum Verzehr geeignet wie eine Schiffsladung mit Gewürzen, in denen lebende Vogelspinnen mitgereist sind.

70 Bereits an dieser Stelle sei darauf hingewiesen, dass der deutsche Gesetzgeber über Art. 14 Abs. 1 Basisverordnung hinaus in **§ 11 Abs. 2 Nr. 1 LFGB** auch den Verkehr mit **anderen für den Verzehr durch den Menschen ungeeigneten Lebensmitteln** untersagt. Unter diese Vorschrift sind Sachverhalte zu subsumieren, in denen die stoffliche Beschaffenheit eines Lebensmittels gerade **nicht beeinträchtigt** wurde, der Verbraucher aber in Kenntnis der näheren Umstände der Produktion den Verzehr des Lebensmittels ablehnen würde („Ekelfälle", hierzu s. Rn. 414 f.).

71 **3. Rückverfolgbarkeit.** Das Prinzip der Rückverfolgbarkeit soll gewährleisten, dass nicht sichere Lebensmittel gezielt „aus dem Verkehr gezogen" werden können. Dies ist überhaupt nur dann möglich, wenn ein Lebensmittelunternehmer nachvollziehen kann, von welchem Lieferanten er ein bestimmtes Lebensmittel/eine Lebensmittelzutat bezogen hat und an welchen Lieferanten er ein bestimmtes Lebensmittel/eine Lebensmittelzutat geliefert hat. In Art. 3 Nr. 15 der Basisverordnung wird Rückverfolgbarkeit – etwas eigenwillig formuliert – als die Möglichkeit definiert,

„ein Lebensmittel, ein der Lebensmittelgewinnung dienendes Tier oder einen Stoff, der dazu bestimmt ist oder von dem erwartet werden kann, dass er in einem Lebensmittel verarbeitet wird, durch alle Produktions-, Verarbeitungs- und Vertriebsstufen zu verfolgen". §

Das Prinzip der Rückverfolgbarkeit ist von den Lebensmittelunternehmern sicherzustellen. Hierzu bestimmt Art. 18 der Basisverordnung, dass Lebensmittelhersteller **72**

- in der Lage sein müssen, jede Person festzustellen, von der sie ein Lebensmittel oder eine Lebensmittelzutat erhalten haben und
- Systeme und Verfahren zur Feststellung der anderen Unternehmen einrichten, an die ihre Erzeugnisse geliefert worden sind.

Damit besteht die Vorgabe für die Lebensmittelwirtschaft, übergeordnete Wareneingänge und -ausgänge sowie über die Identifizierung der entsprechenden Lieferanten und gewerblichen Abnehmer den Warenfluss nachvollziehbar zu machen. **73**

Der Ständige Ausschuss für die Lebensmittelkette und Tiergesundheit (ein Ausschuss, der eingesetzt wurde, um die EU-Kommission bei der Ausarbeitung von Maßnahmen zu unterstützen, die Lebensmittel betreffen) hat ein **Interpretationspapier** zu den Vorschriften der Rückverfolgbarkeit veröffentlicht, in dem die Anforderungen an Lebensmittelunternehmer konkretisiert werden. Für die Gewährleistung der Rückverfolgbarkeit werden danach **die folgenden Informationen für notwendig erachtet** (und müssen den zuständigen Behörden in jedem Fall unmittelbar zur Verfügung gestellt werden können): **74**

1. Name und Anschrift des Lieferanten, Art der gelieferten Produkte
2. Name und Anschrift des Kunden, Art der gelieferten Produkte
3. Datum und – wo notwendig – Zeitpunkt der Übermittlung/Abgabe
4. Umfang und ggf. Menge.

Als nicht verpflichtend aber hilfreich nennt das Interpretationspapier ergänzende Details zur Produktidentifizierung (Chargen-/Losnummer). Die unter 1.–4. genannten Informationen sollen auf Anfrage verfügbar sein: „*without unduly delaying the requirements imposed by Article 19*". **75**

In Bezug auf die **Dauer der Archivierung** wird eine **Regelaufbewahrungsfrist von 5 Jahren** empfohlen. Unterlagen über Produkte, die nur eine verhältnismäßig kurze Haltbarkeitsdauer aufweisen (z. B. Lebensmittel, die mit einem Verbrauchsdatum gekennzeichnet werden oder deren Mindesthaltbarkeitsdatum (MHD) unter drei Monaten liegt), sollen für einen Zeitraum von **sechs Monaten nach Herstellung oder Auslieferung** aufbewahrt werden; bei anderen mit **76** einem MHD gekennzeichneten Produkten sollen die Aufzeichnungen bis **sechs Monate nach Ablauf des MHD** aufbewahrt werden.

Das Interpretationspapier ist rechtlich zwar unverbindlich, in der Praxis aber dennoch eine wertvolle Auslegungshilfe in Zweifelsfällen. Es kann auf der Internetseite der Kommission abgerufen werden: http://ec.europa.eu/food/ food/foodlaw/guidance/index_en.htm

77 Bei der betrieblichen Umsetzung der Rückverfolgbarkeit gilt das **Prinzip „ein Schritt dahinter, ein Schritt davor"**; dies bedeutet, dass ein Lebensmittelunternehmer den unmittelbar vorgeschalteten Lieferanten eines Lebensmittels und den unmittelbaren nachgeschalteten Abnehmer des Lebensmittels kennen muss. Nach Art. 18 der Basisverordnung wird vom Lebensmittelunternehmer hingegen nicht verlangt, eine Verbindung zwischen eingehenden und ausgehenden Erzeugnissen herzustellen, denn Chargen werden innerhalb eines Betriebes aufgelöst und wieder neu zusammengestellt. Gleichwohl haben in der Praxis viele Unternehmen Rückverfolgbarkeitssysteme eingerichtet, die auch die Verknüpfung zwischen Warenein- und -ausgang nachvollziehen können; dies wird von Zertifizierungsorganisationen auch zunehmend verlangt.

Für die Organisation der Rückverfolgbarkeit haben sich in der betrieblichen Praxis Grundsätze etabliert, die eine Hilfestellung geben sollen, eine möglichst klare Verbindung zwischen Wareneingang und Warenausgang herzustellen:
- Eine **Einteilung der Rohwaren nach Risikogruppen** erscheint zweckmäßig. Jedenfalls bei potenziell risikobehafteter Ware sollte eine chargengenaue Zuordnung erfolgen.
- Bei risikoarmen Rohwaren ist eine **Eingrenzung nach Zeiträumen** möglich. Hier kann der Kontrollaufwand reduziert werden, indem der Unternehmer die Charge möglichst groß definiert.
- Üblicherweise wird bei **Siloware** eine neue Lieferung von oben nachgefüllt (getoppt). Die Mischphase muss klar definiert werden. Es erscheint vorteilhaft, eine kleinere Menge mit einer sehr großen Anliefermenge zu vermischen und dies als eine Charge zu definieren.
- Ob die **Datenerfassung** über die Produkte per Kartei-, Lochkarte oder EDV erfolgt, bleibt jedem Unternehmen selbst überlassen.
- Es muss sichergestellt sein, dass beim Wareneingang und beim Warenausgang die **Kennzeichnung der Primär- und Sekundärverpackung und der Palette** sowie die Angaben in den Lieferpapieren übereinstimmen.

- Zusammengehörige Dokumente müssen **verwechselungsfrei** miteinander verknüpft werden.

4. Schutz der Verbraucherinteressen – Irreführungsverbot. Das Irreführungs- **78** verbot ist für den Bereich der **Kennzeichnung, Werbung und Aufmachung von Lebensmitteln** relevant. Rechtlich verankert ist es in Art. 16 Basisverordnung; es wird aber in zahlreichen anderen lebensmittelrechtlichen Vorschriften aufgegriffen oder präzisiert. Art. 16 ist daher eher als Auffangvorschrift zu verstehen. Allgemein wird festgelegt, dass Kennzeichnung, Werbung und Aufmachung von Lebensmitteln auch in Bezug auf ihre Form, ihr Aussehen oder ihre Verpackung, die verwendeten Verpackungsmaterialien, die Art ihrer Anordnung, den Rahmen ihrer Darbietung sowie die über sie verbreiteten Informationen die Verbraucher nicht irreführen dürfen. Das Irreführungsverbot wurde vom deutschen Gesetzgeber in § 11 LFGB konkretisiert; in der täglichen Praxis ist § 11 LFGB die bei weitem relevantere Vorschrift. Auf sie wird im Rahmen eines eigenen Kapitels eingegangen (s. Rn. 392 ff.).

5. Transparenz – Information der Öffentlichkeit. Der Grundsatz der Transpa- **79** renz wird in der Basisverordnung in einem eigenen Abschnitt aufgegriffen. Er umfasst zum einen die Konsultation der Öffentlichkeit (Art. 9) und zum anderen die Information der Öffentlichkeit.

Nach Art. 9 ist bei der Erarbeitung, Bewertung und Überprüfung des Lebens- **80** mittelrechts unmittelbar oder über Vertretungsgremien in offener und transparenter Weise eine Konsultation der Öffentlichkeit durchzuführen, es sei denn, dies ist aus Dringlichkeitsgründen nicht möglich.

Während davon ausgegangen werden kann, dass **Konsultationen** der Öffent- **81** lichkeit von der absoluten Mehrheit der EU-Bürger schlicht nicht wahrgenommen werden (und möglicherweise auch nicht von gesteigertem Interesse sind), kommt der **Information** der Öffentlichkeit in der Praxis eine bedeutende Rolle zu. Art. 10 Basisverordnung bestimmt Folgendes:

Besteht ein hinreichender Verdacht, dass ein Lebensmittel oder Futtermittel ein **82** **Risiko für die Gesundheit von Mensch oder Tier** mit sich bringen kann, so unternehmen die Behörden unbeschadet der geltenden nationalen oder Gemeinschaftsbestimmungen über den Zugang zu Dokumenten je nach Art, Schwere und Ausmaß des Risikos geeignete Schritte, um die **Öffentlichkeit über die Art des Gesundheitsrisikos aufzuklären**; dabei sind möglichst umfassend das Lebensmittel oder Futtermittel oder die Art des Lebensmittels oder Futtermittels, das möglicherweise damit verbundene Risiko und die Maßnahmen anzugeben, die getroffen wurden oder getroffen werden, um dem Risiko vorzubeugen, es zu begrenzen oder auszuschalten.

83   Auf europäischer Ebene ist das zentrale Instrument zur Information der Öffentlichkeit das bereits erwähnte Schnellwarnsystem der Europäischen Union (s. Rn. 56 ff.). Daneben erfolgt die Information der Öffentlichkeit auch auf nationaler Ebene, konkretisiert in § 40 LFGB. Hierauf wird in einem gesonderten Kapitel näher eingegangen (s. Rn. 153 ff.).

3. Kapitel   Kennzeichnung von Lebensmitteln

Die Redensart, dass man die Form nicht über den Inhalt erheben soll, trifft auf **84** das Lebensmittelrecht nur bedingt zu. Neben dem selbstverständlichen Prinzip, dass nur sichere Lebensmittel in Verkehr gebracht werden dürfen, kommt dem Aspekt der Verbraucherinformation in Form der Lebensmittelkennzeichnung in der betrieblichen Praxis eine immer größere Bedeutung zu. Mit einiger Konstanz kann den Jahresberichten des BVL über die Lebensmittelüberwachung entnommen werden, dass etwa die Hälfte aller Beanstandungen auf die unrichtige, mangelhafte oder irreführende Kennzeichnung und Aufmachung von Lebensmitteln entfällt (die Jahresberichte können im Internet abgerufen werden: www.bvl.bund.de → Lebensmittel → Sicherheit und Kontrollen → Jahresbericht Lebensmittelüberwachung). Lebensmittelrecht ist in weiten Teilen Lebensmittelkennzeichnungsrecht. Grund genug, sich mit den Kennzeichnungsvorschriften intensiv auseinanderzusetzen.

Ob und wie ein in Verkehr gebrachtes Lebensmittel gekennzeichnet sein muss, **85** hängt in erster Linie davon ab, in welcher Form das Lebensmittel in Verkehr gebracht wird. Dabei sind zwei wichtige Unterscheidungen zu treffen:
- An wen wird das Lebensmittel abgegeben? Endverbraucher oder Weiterverarbeiter?
- Falls das Lebensmittel an Endverbraucher abgegeben wird: Wie wird es abgegeben – in einer Fertigpackung oder unverpackt (lose)?

I.   Lebensmittel in Fertigpackungen

Für Lebensmittel, die in Fertigpackungen in Verkehr gebracht werden, gelten **86** die umfangreichsten Kennzeichnungsvorschriften; sie sind größtenteils in der Verordnung über die Kennzeichnung von Lebensmitteln (Lebensmittel-Kennzeichnungsverordnung – LMKV) geregelt. Daneben finden sich weitere Kennzeichnungsvorschriften in spezielleren Vorschriften, so etwa für tiefgekühlte Lebensmittel.

→ Gesetzestext LMKV

Lebensmittel, die unverpackt an den Verbraucher abgegeben werden (sog. „lose Ware"), sind üblicherweise nicht zu kennzeichnen; in einigen Fällen muss aber auf bestimmte Stoffe hingewiesen werden, die bei der Herstellung verwendet wurden. Hierauf wird in einem gesonderten Kapitel eingegangen werden (s. Rn. 41 ff.).

87 **1. Begriff der Fertigpackung.** Der Begriff der Fertigpackung ist in § 6 Abs. 1 Eichgesetz folgendermaßen definiert:

> „Fertigpackungen im Sinne dieses Gesetzes sind Erzeugnisse in Verpackungen beliebiger Art, die in Abwesenheit des Käufers abgepackt und verschlossen werden, wobei die Menge des darin enthaltenen Erzeugnisses ohne Öffnen oder merkliche Änderung der Verpackung nicht verändert werden kann."

88 Da es auf die Abwesenheit des Käufers ankommt, ist z. B. ein Plastikbecher, in den **in Anwesenheit** des Käufers an der Bedientheke eines Supermarktes ein Feinkostsalat abgefüllt wird, keine Fertigpackung; es handelt sich hierbei um die Abgabe „loser Ware".

89 Von den Fertigpackungen sind die sog. **Ladenpackungen** zu unterscheiden. Hierbei handelt es sich um in der Verkaufsstelle oder einem Nebenraum der Verkaufsstelle vorverpackte Lebensmittel, sofern diese zur **alsbaldigen Abgabe** an Verbraucher bestimmt sind. Davon kann ausgegangen werden, wenn sie als Vorrat für den gleichen oder nächsten Tag dienen. Entscheidend ist aber, dass diese Packungen im Sinne des Kennzeichnungsrechts nur dann als „unverpackt" gelten, wenn sie **nicht in Selbstbedienung** abgegeben werden. Nur wenn diese Ladenpackungen im Bedienungsverkauf abgegeben werden, richtet sich ihre Kennzeichnung nach den Vorschriften für unverpackte Lebensmittel. Der Grund hierfür besteht darin, dass der Käufer die Gelegenheit haben soll, sich über die Beschaffenheit des Lebensmittels in einem Verkaufsgespräch informieren zu können, wenn eine Etikettierung fehlt.

90 Eichrechtlich gelten aber auch Ladenpackungen als Fertigpackungen, so dass ihre Nennfüllmenge zu kennzeichnen ist (§ 7 Abs. 1 Eichgesetz). Für sie gilt auch das sog. Mittelwertprinzip (zur Füllmengenkennzeichnung und zum Mittelwertprinzip s. Rn. 133).

91 Die LMKV gilt nur für Fertigpackungen mit Lebensmitteln, die an „**Verbraucher**" im Sinne von § 1 LMKV abgegeben werden. Verbraucher ist nach § 3 Nr. 4 LFGB i. V. m. Art. 3 Nr. 18 Basisverordnung der „Endverbraucher", also der letzte Verbraucher eines Lebensmittels, der das Lebensmittel nicht im Rahmen der Tätigkeit eines Lebensmittelunternehmers verwendet.

Daneben sieht § 1 Abs. 1 Satz 2 LMKV eine wichtige **Erweiterung des Anwen-** **92** **dungsbereichs** vor: Dem Verbraucher stehen Gaststätten, Einrichtungen zur Gemeinschaftsverpflegung (z. B. Kantinen) sowie Gewerbetreibende, soweit sie Lebensmittel zum Verbrauch innerhalb ihrer Betriebsstätte beziehen, gleich.

Gewerbliche Weiterverarbeiter, in deren Geschäftsräumen die Lebensmittel **93** nicht verzehrt werden, sind vom Verbraucherbegriff nicht erfasst. Die an Weiterverarbeiter gelieferten Fertigpackungen unterliegen also nicht der LMKV; für ihre Kennzeichnung bestehen mit wenigen Ausnahmen keine Regeln. Gleichwohl gilt der Grundsatz, dass der gewerbliche Weiterverarbeiter alle Informationen erhalten muss, die erforderlich sind, damit er das von ihm hergestellte Lebensmittel zutreffend kennzeichnen kann (s. hierzu auch ⊙ Rn. 30 ff.).

2. Überblick über die Pflichtkennzeichnungselemente. Mit welchen Kenn- **94** zeichnungselementen Fertigpackungen mit Lebensmitteln versehen werden müssen, ist in § 3 LMKV geregelt. Folgende Kennzeichnungselemente sind zwingend erforderlich:
- Verkehrsbezeichnung gemäß § 4 LMKV;
- Angabe des Verantwortlichen („Herstellerangabe") gemäß § 3 Abs. 1 Nr. 2 LMKV;
- Mindesthaltbarkeits- oder Verbrauchsdatum gemäß §§ 7/7a LMKV;
- Nur bei Getränken mit einem Alkoholgehalt von über 1,2 % Vol. der Alkoholgehalt gemäß § 7b LMKV (der Alkoholgehalt in anderen Lebensmitteln als Getränken, z. B. in Desserts, muss nicht gekennzeichnet werden);
- Füllmengenangabe gemäß § 7 Eichgesetz, §§ 6, 10 Fertigpackungsverordnung (Verordnung über Fertigpackungen – FPV);
- Zutatenliste gemäß § 6 LMKV;
- Mengenkennzeichnung bestimmter Zutaten („QUID") gemäß § 8 LMKV;
- Angabe der Produktionscharge (Loskennzeichnung) gemäß § 3 LosKennzeichnungsverordnung (LKV);
- Bei Verwendung von Zutaten mit Phytosterin-, Phytosterinester-, Phytostanol- und/oder Phytostanolesterzusatz sind zusätzliche, in der Verordnung (EG) Nr. 608/2004 geregelten Angaben erforderlich.

Eine **Nährwerttabelle** ist nach derzeit geltendem Lebensmittelrecht freiwillig. **95** Sie wird lediglich dann erforderlich, wenn „nährwertbezogene Angaben" gemacht werden. Auf die Nährwertkennzeichnung wird in einem gesonderten Abschnitt eingegangen (s. Rn. 231 ff.).

96   **3. Formvorschriften.** § 3 Abs. 3 LMKV regelt die Formerfordernisse der Kennzeichnung. Dabei ist Folgendes zu beachten:

- Die Angaben sind auf der Fertigpackung oder einem mit ihr verbundenen Etikett an gut sichtbarer Stelle anzubringen.
- Sie sind in deutscher Sprache oder in einer anderen leicht verständlichen Sprache anzubringen.
- Sie müssen leicht verständlich, deutlich lesbar und unverwischbar angebracht werden.

97   Für bestimmte Pflichtangaben, die der Verbraucher „auf einen Blick" auf der Verpackung vorfinden soll, gilt das sog. „**Sichtfelderfordernis**" (§ 3 Abs. 3 Satz 3 LMKV). Danach müssen **Verkehrsbezeichnung**, **Füllmenge** und **MHD** im gleichen Sichtfeld auf der Packung oder dem Etikett angebracht werden. Gleiches Sichtfeld bedeutet, dass diese Angaben ohne Drehung der Packung zugleich sichtbar sein müssen. Es ist nicht erforderlich, dass diese Angaben auf der „Vorderseite" (die dem Verbraucher beim Einkauf zugewandte Seite) angebracht werden; das Sichtfeld kann sich ebenso gut auf der Rückseite der Fertigpackung befinden. In der Praxis zeigt sich gerade bei kleinen oder runden Verpackungen, dass an das Sichtfelderfordernis keine übersteigerten Anforderungen gestellt werden dürfen. So wird etwa bei runden Verpackungen ein leichtes Drehen der Verpackung zu tolerieren sein, um alle Angaben erfassen zu können. Schon nach dem Gesetzeswortlaut widerspricht es dem Sichtfelderfordernis nicht, wenn die einzelnen Angaben nicht in der gleichen Ausrichtung auf das Etikett gedruckt werden. So ist es z. B. zulässig, die Verkehrsbezeichnung waagerecht und das MHD senkrecht anzugeben.

98   Praktische Schwierigkeiten bereitet die Frage, was unter dem **Erfordernis der** „**deutlichen Lesbarkeit**" zu verstehen ist. Grundsätzlich ist zu verlangen, dass die Angaben aus normaler Leseentfernung lesbar sein müssen. Es besteht weiterhin Einigkeit darüber, dass hier vor allem die Schriftgröße eine Rolle spielt; daneben kommt dem Kontrast sowie der Beschaffenheit der Verpackung eine wichtige Rolle zu:

- In der Rechtsprechung wird die Grenze für die deutliche Lesbarkeit der Pflichtangaben bei einer **Schriftgröße von 6 Punkt** gezogen. Eine kleinere Schriftart erfüllt das Erfordernis der deutlichen Lesbarkeit in der Regel nicht (zuletzt LG München I, Urteil v. 16. Januar 2008 – 1 HK O 11928/07 –).
- Daneben ist das **Kontrastverhältnis** von Bedeutung: Auch bei einer Schriftgröße von 6 Punkt oder mehr kann eine deutliche Lesbarkeit nicht mehr gegeben sein, wenn sich die Schrift kaum von ihrem Untergrund abhebt (denkbar z. B. bei einer goldenen Schrift auf hellbraunem Untergrund). Um-

gekehrt kann im Einzelfall bei einem besonders deutlichen Kontrast, einer nicht verschnörkelten (serifenlosen) Schriftart und ggf. einem etwas größeren Abstand zwischen den einzelnen Buchstaben auch bei kleineren Schriftgrößen eine deutliche Lesbarkeit gegeben sein.

Die Möglichkeit, die Pflichtangaben (nur) in einer **anderen leicht verständlichen Sprache** als Deutsch anzugeben, ist in der Praxis kaum von Bedeutung; nach der Rechtsprechung kann die Sprache Englisch unter bestimmten, eng begrenzten Fällen bejaht werden, so in einem Fachgeschäft für englische Lebensmittel (AG Köln, Urteil v. 31. August 2001 – 584 OWi 202/01 – ZLR 2002, S. 525 ff.).   **99**

4. Besondere Kennzeichnungselemente bei tiefgekühlten Lebensmitteln. Für Tiefkühlerzeugnisse sind in der Verordnung über tiefgefrorene Lebensmittel (TLMV) einige zusätzliche Kennzeichnungselemente vorgesehen, die nachfolgend zusammengefasst sind: **100**

- Zusätzlich zur Verkehrsbezeichnung erfolgt der Hinweis „gefrostet", „tiefgefroren" oder „Tiefkühlkost".
- Das MHD ist um detaillierte Aufbewahrungsbedingungen zu ergänzen („Bei –18 °C mindestens haltbar bis Ende [...]"). Eine Angabe wie „tiefgekühlt lagern" ist nicht präzise genug.
- An anderer gut sichtbarer Stelle ist der Warnhinweis „Nach dem Auftauen nicht wieder einfrieren" oder ein gleichsinniger Hinweis anzubringen.
- Die Angabe des Produktionsloses (s. hierzu Rn. 228 ff.) ist bei Tiefkühlerzeugnissen immer erforderlich.

Die in der TLMV geregelte Pflicht zur Angabe der Aufbewahrungstemperatur sowie über den Zeitraum, während dessen das Lebensmittel beim Verbraucher gelagert werden kann, geht auf das „3-Sterne-System" bei Tiefkühltruhen zurück, welches wiederum in einer DIN-Norm geregelt ist. Drei Sterne entsprechen der Tiefkühltemperatur von -18° C. Aus der Angabe, dass ein Produkt bei -18° C mindestens bis zum angegebenen Datum haltbar ist, kann der Verbraucher gleichzeitig erkennen, dass das Produkt ausschließlich in einem 3-Sterne-Fach gelagert werden sollte; eine weitere Angabe der Lagerungszeit für 2- oder 1-Sterne-Fächer ist nicht erforderlich.   **101**

Die Angabe alternativer Haltbarkeitsangaben, die nach den jeweiligen Aufbewahrungsbedingungen differenzieren, ist zulässig.   **102**

103
> **Beispiel:**
> „Bei –18 °C mindestens haltbar bis Ende Mai 2011; im Kühlschrank bei unter
> +7 °C mindestens haltbar bis 6. März".

    ⊙ → Gesetzestext TLMV

104 **5. Verkehrsbezeichnung und Verkehrsauffassung.** Der Begriff der Verkehrsbezeichnung ist ein zentraler Begriff des Lebensmittelrechts und bei der Kennzeichnung von besonderer Bedeutung: Sowohl das Lebensmittel selbst als auch
seine Zutaten sind mit der Verkehrsbezeichnung zu versehen. Die „Verkehrsbezeichnung" ist also der Name eines Lebensmittels oder seiner Zutaten.

105 Die Verkehrsbezeichnung ist aber von der **Produkt- oder Fantasiebezeichnung**
streng zu trennen: „Coca-Cola Zero" ist im lebensmittelrechtlichen Sinn keine
Verkehrsbezeichnung, sondern nur ein Produktname. Die korrekte – und auch
stets auf der Cola-Flasche angegebene – Verkehrsbezeichnung lautet in diesem
Fall: „Kalorienarmes, koffeinhaltiges Erfrischungsgetränk mit Pflanzenextrakten". Produktname und Verkehrsbezeichnung dürfen sich nicht widersprechen, da sich der Verbraucher ansonsten über die Beschaffenheit eines Lebensmittels täuschen könnte.

106 Die Verkehrsbezeichnung wird in § 4 Abs. 1 LMKV definiert als
- die in Rechtsvorschriften festgelegte Bezeichnung eines Lebensmittels, bei
  deren Fehlen
- die nach allgemeiner Verkehrsauffassung übliche Bezeichnung oder
- eine Beschreibung des Lebensmittels

anzugeben ist. Voraussetzung für eine solche **beschreibende Verkehrsbezeichnung** ist, dass der Verbraucher die Art des Lebensmittels erkennen und es von
verwechselbaren Erzeugnissen unterscheiden kann. „Kalorienarmes, koffeinhaltiges Erfrischungsgetränk mit Pflanzenextrakten" ist ein klassisches Beispiel für eine solche beschreibende Verkehrsbezeichnung.

107 In Rechtsvorschriften festgelegte Verkehrsbezeichnungen sind eher die Ausnahme, so dass in der täglichen Praxis selten auf sie zurückgegriffen werden
kann. Beispielhaft können die in der Kakaoverordnung oder die in der Richtlinie 2001/113/EG des Rates vom 20. Dezember 2001 über Konfitüren, Gelees,
Marmeladen und Maronenkrem für die menschliche Ernährung genannten
Verkehrsbezeichnungen genannt werden.

108 Häufig kann bei Lebensmitteln aber auf eine nach allgemeiner Verkehrsauffassung übliche Bezeichnung zurückgegriffen werden. Der **Begriff der Verkehrs-**

auffassung umfasst nach seiner sprachlichen Bedeutung die Auffassung der am Verkehr mit Lebensmitteln beteiligten Kreise über den Inhalt einer Kennzeichnung, Angabe oder Aufmachung und über die Beschaffenheit eines Lebensmittels. Zu den Verkehrskreisen gehören Verbraucher, Hersteller und Händler. In vielen Fällen ist die Verkehrsauffassung zu Lebensmitteln schriftlich fixiert. Quellen der Verkehrsauffassung sind insbesondere:

- **Das Deutsche Lebensmittelbuch**, geregelt in § 15 LFGB, ist eine Sammlung von Leitsätzen, in denen Herstellung, Beschaffenheit oder sonstige Merkmale von Lebensmitteln, die für die Verkehrsfähigkeit der Lebensmittel von Bedeutung sind, beschrieben werden. Die Leitsätze sind keine Rechtsnormen sondern haben den Charakter **objektivierter Sachverständigengutachten**, die der gerichtlichen Nachprüfung unterliegen. In den Leitsätzen wird die Verkehrsauffassung der am Lebensmittelverkehr Beteiligten beschrieben, also der redliche Hersteller- und Handelsbrauch unter Berücksichtigung der Erwartung der Durchschnittsverbraucher an die betreffenden Lebensmittel. Erstellt werden die Leitsätze von der **Deutschen Lebensmittelbuch-Kommission**; ihr gehören derzeit paritätisch aus den Kreisen der Wissenschaft, der Lebensmittelüberwachung, der Verbraucherschaft und der Lebensmittelwirtschaft 32 Mitglieder an. Zur Vorbereitung ihrer Beschlüsse hat die Kommission sieben Fachausschüsse eingesetzt, die unter Beteiligung spezieller Sachkenner Leitsatzentwürfe erarbeiten. Diese Leitsatzentwürfe werden den zu beteiligenden Kreisen (§ 16 Abs. 2 LFGB) zur Stellungnahme zugeleitet, bevor sie der Kommission zur Beschlussfassung vorgelegt werden. Die Leitsätze werden von der Deutschen Lebensmittelbuch-Kommission im Interesse der Überzeugungskraft grundsätzlich einstimmig beschlossen und vom Bundesministerium für Ernährung, Landwirtschaft und Verbraucherschutz im Einvernehmen mit den Bundesministerien der Justiz und für Wirtschaft und Technologie veröffentlicht.
- Handelsbräuche, der Hersteller, die zum Teil in **Richtlinien und Begriffsbestimmungen der Herstellerverbände** fixiert sind (Beispiel: Richtlinie zur Beurteilung von Suppen und Soßen).
- Kochbücher, Rezepte, spezielle Nachschlagewerke für den Bereich der Lebensmittel.

Fremdsprachliche Verkehrsbezeichnungen können verwendet werden, wenn **109** sie für die Verbraucher in Deutschland verständlich sind. Das ist beispielsweise bei Bezeichnungen wie „Chili con Carne", „Baguette", „Espresso" oder „Roux" der Fall. Handelt es sich hingegen um ausländische Verkehrsbezeichnungen, die sich in Deutschland noch nicht endgültig durchgesetzt haben, können diese zwar verwendet werden, müssen aber durch einen erklärenden deutschsprachigen Hinweis ergänzt werden. So war es vor einigen Jahren verbreitet noch üblich, als „Chili con carne" bezeichnete Produkte mit Hinweisen wie „Bohneneintopf mexikanischer Art mit Hackfleisch" zu versehen.

110   **Exkurs 1: geographische Angaben.** Besondere Aufmerksamkeit ist bei (unmittelbaren oder mittelbaren) **geographischen Angaben** geboten. Hierbei kann es sich um Herkunftsangaben handeln, die nur verwendet werden dürfen, wenn das Produkt tatsächlich in der genannten Region oder dem genannten Ort hergestellt worden ist (Rechtsprechungsformel: Das Produkt muss *„die für die Verkehrsauffassung der angesprochenen Verkehrskreise maßgebliche Prägung in der Region erfahren haben"*).

111   **Beispiele:**
Dresdner Stollen, Nürnberger Lebkuchen.

112   Einige geographische Herkunftsbezeichnungen haben sich zu **Gattungsangaben** gewandelt, die auch verwendet werden dürfen, wenn das Erzeugnis nicht in der betreffenden Region hergestellt worden ist.

113   **Beispiele:**
Wiener Schnitzel, Budapester Salat, Berliner.

114   Vorsicht ist aber geboten, wenn eine Gattungsangabe um (bildliche oder wörtliche) **relokalisierende Hinweise** ergänzt wird, da sie dadurch wieder zu einer Herkunftsangabe werden kann.

115   **Beispiel:**
Italienische Flagge bei einem als „Prosciutto Cotto" bezeichneten Hinterkochschinken, der in Deutschland hergestellt wurde.

116   Um den Vorwurf einer irreführenden Herkunftsangabe zu vermeiden, kann der Hersteller aber ausdrücklich auf die Herkunft des Produktes hinweisen: z. B. „Hergestellt in Deutschland nach original italienischem Rezept".

117   Bestimmte Herkunftsangaben genießen einen besonderen Schutz nach der Verordnung (EG) Nr. 510/2006 (Neufassung der VO 2081/92). Die Verordnung schützt **Ursprungsbezeichnungen** „g. U." und **geographische Angaben** „g. g. A." für Agrarerzeugnisse und Lebensmittel, die in einem definierten geographischen Gebiet unter bestimmten, von den Erzeugern im Eintragungsantrag beschriebenen Erzeugungs-, Verarbeitungs- und Herstellungsbedingungen erzeugt und verarbeitet werden. Das Antragsverfahren ist zweistufig: Zunächst wird die Schutzfähigkeit im betreffenden Mitgliedstaat geprüft (in Deutschland durch das Deutsche Patent- und Markenamt) und dann durch die EU-Kommission. Im Falle der Schutzwürdigkeit wird eine entsprechende EU-Verordnung zum Schutz der Bezeichnung erlassen. Folgende Schutzgüter werden unterschieden:

- Die **geschützte Ursprungsbezeichnung** (g. U.) ist für ein Erzeugnis charak- **118** teristisch, das seine Güte oder Eigenschaften überwiegend oder ausschließlich den geografischen Verhältnissen einschließlich der natürlichen und menschlichen Einflüsse verdankt und **das in dem begrenzten geografischen Gebiet erzeugt, verarbeitet und hergestellt wurde.**

Beispiele: Parmaschinken, Fetakäse.

- Für die **geschützte geografische Angabe** (g. g. A.) ist erforderlich, dass sich **119** bei dem bezeichneten Erzeugnis eine bestimmte Qualität, das Ansehen oder eine andere Eigenschaft aus diesem geografischen Ursprung ergibt und dass es **in dem begrenzten geografischen Gebiet erzeugt und/oder verarbeitet und/oder hergestellt wurde.** Die g. g. A. erfordert also nur ein Erzeugnis, das entweder im geografischen Gebiet erzeugt *oder* verarbeitet *oder* hergestellt wurde.

Beispiele: Nürnberger Lebkuchen, Dresdner Stollen, Kölsch.

- Die Bezeichnung „**garantiert traditionelle Spezialität**" (g. t. S.) weist nicht auf **120** einen Ursprung hin, sondern soll die traditionelle Zusammensetzung oder traditionelle Herstellungsweise des Erzeugnisses hervorheben.

Beispiele: Mozzarella, Serranoschinken.

Nach der Verordnung eingetragene Bezeichnungen genießen umfassenden Schutz. Ihre Verwendung ist für Unternehmen, die nicht die Voraussetzungen der Schutzverordnung erfüllen, auch in Verbindung mit entlokalisierenden Zusätzen (z. B. „Stollen Dresdner Art") nicht zulässig. Die Etikettierung der geschützten Erzeugnisse muss die Angaben „geschützte Ursprungsbezeichnung" oder „geschützte geographische Angabe" oder die entsprechenden Gemeinschaftszeichen enthalten.

121   Exkurs 2: **Aufbauhinweis.** In bestimmten Fällen ist die Verkehrsbezeichnung eines Lebensmittels durch den **Hinweis „aufgetaut"** zu ergänzen (§ 4 Abs. 5 LMKV). Die Angabe ist erforderlich, wenn das Lebensmittel gefroren oder tiefgefroren war und die Unterlassung einer solchen Angabe geeignet wäre, beim Verbraucher einen Irrtum herbeizuführen. Bei der Anwendung der Vorschrift ist zu beachten, dass sie im Zuge der Überarbeitung der hygienerechtlichen Vorschriften und der gleichzeitigen Aufhebung von § 6 Fleischverordnung (Irreführende Bezeichnungen) sowie der Fischhygiene-Verordnung eingeführt wurde. § 6 Fleischverordnung forderte für Fleischwaren, die als gefrorene oder tiefgefrorene Erzeugnisse hergestellt wurden, einen Hinweis, wenn sie in ganz oder teilweise aufgetautem Zustand abgegeben wurden. Entsprechendes galt nach der Fischhygiene-Verordnung für bearbeitete Fischereierzeugnisse. Der Hinweis wird nach wie vor für erforderlich gehalten, weil derartige Lebensmittel **nicht mehr zum erneuten Einfrieren geeignet** und somit in ihrer Brauchbarkeit nicht unwesentlich gemindert sind. Vor diesem Hintergrund wird der Anwendungsbereich der Vorschrift trotz des sehr weit gefassten Wortlauts („das Lebensmittel") im Wesentlichen auf solche Sachverhalte zu beschränken sein, bei denen auch schon nach alter Rechtslage ein entsprechender Hinweis erforderlich war.

122   **6. MHD und Verbrauchsdatum.** Das MHD ist dasjenige Datum, bis zu dem ein Lebensmittel seine **spezifischen Eigenschaften** (z. B. Verzehrsfrische) bei angemessenen Aufbewahrungsbedingungen mindestens behält. Die Entscheidung darüber, wie lange ein Produkt seine spezifischen Eigenschaften behält, liegt üblicherweise im Ermessen des Herstellers, der sich ggf. durch Lagerversuche davon überzeugen muss, dass das Lebensmittel während der angegebenen Haltbarkeitsdauer seine spezifischen Eigenschaften tatsächlich behält (dies sollte entsprechend dokumentiert werden). Zu den spezifischen Eigenschaften gehören z. B. Faktoren wie die mikrobiologische Beschaffenheit, Farbe, Aussehen, Geschmack, Nährstoff- und Vitamingehalt. Ein zu lang bemessenes Mindesthaltbarkeitsdatum stellt eine Irreführung des Verbrauchers dar (es handelt sich dann um eine zur Täuschung geeignete Angabe über die Haltbarkeit eines Lebensmittels gemäß § 11 Abs. 1 Nr. 1 LFGB). Zudem kann bei einer gesundheitlichen Beeinträchtigung des Verbrauchers ein Produkthaftungsanspruch bestehen. Vor diesem Hintergrund versteht sich, dass ein vom Hersteller festgelegtes MHD oder Verbrauchsdatum von Umverpackern oder Handelsunternehmen nicht eigenmächtig geändert werden darf – dies wäre eine strafbare Urkundenfälschung nach § 267 StGB.

Handelt es sich um ein in mikrobiologischer Hinsicht **leicht verderbliches Lebensmittel**, ist anstelle des MHD ein **Verbrauchsdatum** anzugeben (§ 7a LMKV). Einen abschließenden Katalog von Lebensmitteln, bei denen ein Verbrauchsdatum anzugeben ist, gibt es nicht. **Beispielhaft** können Feinkostsalate ohne Konservierungsstoffe oder frische verzehrfertige Salate genannt werden. **123**

Der **Unterschied zwischen MHD und Verbrauchsdatum** ist wesentlich: Während ein Lebensmittel auch nach Ablauf des MHD noch verkehrsfähig ist, trifft dies auf Lebensmittel, die mit einem Verbrauchsdatum gekennzeichnet sind, nicht zu: Nach Ablauf seines Verbrauchsdatums darf ein Lebensmittel nicht mehr in Verkehr gebracht werden. Aber auch beim Verkauf von Lebensmitteln mit abgelaufenem MHD trifft den Verantwortlichen (dies wird in der Regel nicht mehr der Hersteller, sondern das Handelsunternehmen sein) eine besondere Sorgfalts- und unter Umständen auch eine Hinweispflicht. Er muss sich von der Verkehrsfähigkeit des Lebensmittels gewissenhaft überzeugen und den Verbraucher nötigenfalls auf das abgelaufene Datum hinweisen. **124**

Bei der Beuteilung der Frage, ob ein Lebensmittel mit MHD oder mit einem Verbrauchsdatum versehen werden soll, trifft den Hersteller eine besondere Verantwortung. Gibt er ein MHD an, so erklärt er damit indirekt, dass das Lebensmittel auch nach Ablauf des MHD noch für einen gewissen Zeitraum verzehrs- und verkehrsfähig ist. Grundsätzlich bedeutet die Angabe eines MHD aber **keine Garantie**, dass das Lebensmittel nach Ablauf noch verzehrt werden kann. Die Bedeutung der Angabe des MHD erschließt sich bei einem Blick auf die im englischsprachigen Raum übliche Formulierung *„best before"* besonders gut. **125**

Art und Weise der Mindesthaltbarkeitsangabe richten sich nach der Haltbarkeitsdauer des Lebensmittels (vgl. § 7 Abs. 2 und 3 LMKV): **126**
- Immer richtig ist es, die Mindesthaltbarkeit mit den Wörtern *„mindestens haltbar bis"* gefolgt von Tag, Monat und Jahr anzugeben.
- Die Angabe *„mindestens haltbar bis"*, gefolgt von Monat und Jahr ist bei Lebensmitteln möglich, die länger als drei und weniger als 18 Monate haltbar sind.
- Bei Lebensmitteln, die länger als mindestens 18 Monate haltbar sind, ist folgende Angabe zulässig: *„mindestens haltbar bis Ende"* gefolgt von der Angabe des Jahres.

Gibt man bei dem MHD mindestens den Tag und Monat an, kann eine zusätzliche Loskennzeichnung entfallen (hierzu unten Rn. 230). **127**

128   Bei der **Angabe des MHD** ist es zulässig, das eigentliche Datum (z. B. „April 2011") an anderer Stelle, also außerhalb des „gleichen Sichtfelds" anzugeben, sofern hierauf bei der Angabe *„mindestens haltbar bis"* hingewiesen wird. Ein solcher Hinweis kann beispielsweise *„siehe Seitenprägung"* oder *„siehe Clip"* sein. Aus praktischen Gründen wird von dieser Möglichkeit häufig Gebrauch gemacht.

129   Können MHD oder Verbrauchsdatum nur gewährleistet werden, wenn bestimmte untypische **Aufbewahrungsbedingungen** beachtet werden, sind diese anzugeben.

130   **Beispiel:**
„Bei unter +7 °C mindestens haltbar bis: 6.3.2010".

131   Keine zusätzliche Angabe ist dementsprechend erforderlich, wenn die Lebensmittel bei Umgebungstemperatur aufbewahrt werden können. Bei kühlbedürftigen oder tiefgekühlten Lebensmitteln ist dagegen stets ein Hinweis auf die erforderliche Kühlung oder Tiefkühlung nötig. In diesen Fällen ist ausnahmsweise auch die Angabe alternativer Haltbarkeitsfristen zulässig.

132   **Beispiel:**
„Im Tiefkühlfach mindestens haltbar bis 31.12., im Kühlschrank mindestens haltbar bis 1.10."

133   **7. Füllmengenangabe.** Die Verpflichtung zur Angabe der Nennfüllmenge ergibt sich aus § 7 Abs. 1 Eichgesetz. Danach dürfen Fertigpackungen nur hergestellt, eingeführt oder in Verkehr gebracht werden, wenn die **Nennfüllmenge** angegeben ist und die Füllmenge den festgelegten Anforderungen entspricht. Diese Vorgabe wird in der FPV konkretisiert. Die folgenden Grundsätze sind bei der Angabe der Nennfüllmenge zu beachten:
- Feste Lebensmittel sind nach ihrem **Gewicht**, flüssige Lebensmittel nach ihrem **Volumen** zu kennzeichnen (§ 7 Abs. 2 Satz 1 FPV). In Ergänzung zu diesem Grundsatz sind in § 7 Abs. 2 Satz 2 FPV einige Ausnahmen geregelt; so ist Speiseeis – in gefrorenem Zustand fest – nach Volumen zu kennzeichnen. Bei der **Abgrenzung zwischen festen und flüssigen Lebensmitteln** ist auch ein hoher Anteil fester Bestandteile in einer flüssigen Phase zu berücksichtigen: So können Eintöpfe aufgrund ihres hohen Anteils an festen Zutaten insgesamt als fest eingeordnet werden; sie werden daher üblicherweise nach ihrem Gewicht gekennzeichnet.
- Bestimmte Produkte, bei denen die Angabe der Nennfüllmenge für den Verbraucher keine verwertbare Information enthalten würde, müssen abwei-

chend gekennzeichnet werden, so z. B. Fertigpackungen mit konzentrierten Suppen oder Brühen, bei denen eine **Kennzeichnung nach der Ergiebigkeit** (z. B. *„ergibt 500 ml Suppe"*) zwingend vorgeschrieben ist (vgl. § 7 Abs. 2 Nr. 3 FPV sowie Nr. 4 für Backpulver und Backhefe und Nr. 5 für Puddingpulver und vergleichbare Trockenerzeugnisse). Ob diese – nationalen – Ausnahmevorschriften im Rahmen der gegenwärtigen Überarbeitung des Kennzeichnungsrechts auf europäischer Ebene erhalten bleiben werden, ist derzeit noch offen.

- **Unbestimmte Füllmengenangaben** sind verboten; unzulässig wäre also z. B. die Angabe „ca. 250 g" oder „enthält zwischen 220 und 250 ml".
- Lebensmittel außer Wein und Spirituosen dürfen in Fertigpackungen **beliebiger Nennfüllmenge** in Verkehr gebracht werden. Mit der Richtlinie 2007/45/EG vom 5. September 2007 wurden die Packungsgrößen für alle übrigen Produkte freigegeben. Mit der Umsetzung der Richtlinie im Rahmen der FPV wurden die Bestimmungen aus den 1970er Jahren abgeschafft, die noch vorgeschrieben hatten, in welchen Nennfüllmengen Produkte verkauft werden dürfen. Die Freigabe der Packungsgrößen soll Hindernisse für den Marktzugang von Erzeugnissen in Fertigpackungen abbauen und zu mehr Innovation und Wettbewerb führen.
- **Nennfüllmenge** ist die auf der Verpackung angegebene Füllmenge; sie kann von der tatsächlichen Füllmenge durchaus abweichen. Es wäre für Lebensmittelhersteller mit einem unverhältnismäßig großem Aufwand verbunden, beim Abfüllen stets exakt die Nennfüllmenge zu erreichen. Der Gesetzgeber geht davon aus, dass Fertigpackungen mal geringfügig unterfüllt und geringfügig überfüllt werden, der Verbraucher also im Laufe der Zeit die als Nennfüllmenge angegebene Menge des Lebensmittels erwerben wird. Daher gilt bei der Kennzeichnung der Nennfüllmenge das **Mittelwertprinzip**: Innerhalb bestimmter Toleranzen, die von der FPV vorgegeben werden, darf die tatsächliche Füllmenge von der Nennfüllmenge abweichen, wenn nur im Mittel aller Packungen die angegebene Nennfüllmenge eingehalten wird. Eine mögliche Unterfüllung innerhalb der zulässigen Toleranzen muss also durch entsprechende Überfüllungen in anderen Fertigpackungen des Produktionsloses ausgeglichen werden.

Beispielsfall: **134**
In einem Feinkostbetrieb werden Sahne-Heringsfilets verpackt; dabei werden die Heringsfilets von Hand in die einzelnen Verpackungen gelegt. Die Verpackungen enthalten neben der Angabe der Nennfüllmenge (Inhalt: 500 g) die freiwillige Angabe der Fischeinwaage (Fischeinwaage: 250 g). Ein

Kunde stellt bei der Untersuchung einer Probe fest, dass in der Packung lediglich 246 g Heringsfilet enthalten sind. Er ist der Auffassung, dass die freiwillige Angabe der Fischeinwaage stets genau eingehalten werden müsse. Hat er damit Recht?

Im Ergebnis nein, denn auch bei der Angabe von Teilmengen kann eine Füllgenauigkeit auf den Punkt nicht erwartet werden, da sie nur mit einem unverhältnismäßig großen Aufwand zu erreichen wäre. Wenn die Gesamtfüllmenge, die bei einem Lebensmittel angegeben werden muss, dem Mittelwertprinzip unterliegt, kann für Teilmengen im Ergebnis nicht anderes gelten, da beide Angaben zueinander im Bezug stehen (der Verbraucher will ja gerade die Teilmenge mit der Gesamtmenge vergleichen). Das Mittelwertprinzip entspricht also einem allgemeinen Rechtsgrundsatz, der auch auf Teilmengen anzuwenden ist.

135   Welche Minusabweichung in einer Einzelpackung zulässig ist, hängt von der Nennfüllmenge ab und ergibt sich aus der in § 22 Abs. 3 FPV enthaltenen Tabelle, die nachstehend wiedergegeben wird:

136   Zulässige Minusabweichungen:

Nennfüllmenge QN in g oder ml	Zulässige Minusabweichung in % von QN	Zulässige Minusabweichung in g oder ml
5 bis 50	9	–
50 bis 100	–	4,5
100 bis 200	4,5	–
200 bis 300	–	9
300 bis 500	3	–
500 bis 1.000	–	15
1.000 bis 10.000	1,5	–

137   Zusätzlich ist die sog. **Toleranzuntergrenze** zu beachten: Danach dürfen die zulässigen Minusabweichungen von höchstens 2 % der Fertigpackungen einer Charge überschritten werden (Toleranzuntergrenze 1 – TU 1).

138   **Beispiel:**
Eine Fertigpackung enthält eine Nennfüllmenge von 100 g. Nach der Tabelle in § 22 Abs. 3 FPV darf die zulässige Minusabweichung maximal 4,5 g betragen. Damit darf die tatsächliche Füllmenge der Verpackung nicht unter 95,5 g liegen. Ausnahme: 2 % der Fertigpackungen des Loses dürfen gemäß

§ 22 Abs. 3 Satz 3 FPV die zulässigen Minusabweichungen überschreiten (TU 1). Umfasst das Los 1000 Verpackungen, dürfen 20 Verpackungen ein geringeres Gewicht als 95,5 g aufweisen.

Darüber hinaus ist die **Toleranzuntergrenze 2** (TU 2) zu beachten: Danach dürfen Fertigpackungen nur dann erstmals in den Verkehr gebracht werden, wenn sie die in der Tabelle aufgeführten Minusabweichungen nicht mehr als um das Zweifache der genannten Werte überschreiten. Die TU 2 gilt für diejenigen 2 % eines Loses, deren tatsächliche Füllmenge unter den oben aufgeführten Minusabweichungen liegt. Im obigen Beispielsfall ergibt sich hieraus eine unterste Minusabweichung von 9 g (2 x 4,5 g). Beim ersten Inverkehrbringen muss also jede Fertigpackung eine tatsächliche Füllmenge von mindestens 91 g aufweisen. **139**

Unter dem **„erstmaligen Inverkehrbringen"** ist der Zeitpunkt zu verstehen, zu dem sie beim Hersteller in das Verkaufslager gelangen (zum Begriff s. Rn. 41 ff.); die Fertigpackung darf also als solche zuvor nicht angeboten oder zum Verkauf vorrätig gehalten worden sein. **140**

Werden die eichrechtlichen Anforderungen eingehalten, kann der Hersteller i. V. m. der Nennfüllmenge das **eichrechtliche „e"-Zeichen** gemäß Anlage 9 FPV auf der Packung anbringen. Dies hat zur Folge, dass solche Packungen im Europäischen Wirtschaftsraum von den Behörden der anderen Mitgliedsstaaten aus eichrechtlichen Gründen nicht beanstandet werden können. **141**

Für die Angabe der Nennfüllmenge sind in § 20 FPV **Mindestschriftgrößen** vorgeschrieben. Diese ergeben sich aus der nachfolgenden Zusammenstellung: **142**

Mindestschriftgrößen **143**

Nennfüllmenge in g oder ml		Schriftgröße in mm
Bis	50	2
mehr als	50 bis 200	3
mehr als	200 bis 1.000	4
mehr als	1.000	6

Wichtige **Ausnahmen für die Kennzeichnung der Nennfüllmenge** sind in § 10 FPV geregelt; dies betrifft vor allem Produkte, die nach allgemeiner Verkehrsauffassung stückweise vermarktet werden (Beispiel: Brötchen). Für den **Großverbraucherbereich** sind die Vorschriften im vierten Abschnitt der FPV von Bedeutung (§§ 30, 31). So sind die Vorschriften der Verordnung gemäß § 31 Abs. 1 auf Fertigpackungen mit einer **Füllmenge von mehr als 10 Kilogramm oder Liter** grundsätzlich nicht anwendbar. Die Nennfüllmen-

> ge eines Eimers Ketchup (als Feinkostsauce üblicherweise nach Volumen zu kennzeichnen) kann in dieser Größenordnung also auch nach dem Gewicht angegeben werden.

144   Bei der Kennzeichnung von Mehrfach- oder Sammelpackungen ist Folgendes zu beachten:

- **Mehrfachpackungen** enthalten mehrere Packungen **desselben Erzeugnisses**, die **nicht zum Einzelverkauf bestimmt** sind (Beispiel: Ein Beutel mit 10 Schokoriegeln). Gemäß § 6 Abs. 3 Satz 1 FPV ist sowohl die gesamte Füllmenge als auch grundsätzlich die Anzahl der einzelnen Packungen anzugeben. Eine Füllmengenangabe für die einzelnen Packungen wird nicht verlangt (erfolgt aber häufig freiwillig). Im Beispiel der Schokoriegel (10 Riegel à 35 g) kann die Füllmenge wie folgt gekennzeichnet werden: *„350 g – 10 Riegel"*. Ist die Zahl der einzelnen Riegel von außen gut erkennbar, darf die Angabe „10 Riegel" entfallen (§ 6 Abs. 3 Satz 2 FPV).
- Bei Fertigpackungen, die aus mehreren, nicht zum Einzelverkauf bestimmten Packungen **mit verschiedenartigen Erzeugnissen** bestehen, sind die Mengen der einzelnen Erzeugnisse anzugeben (§ 6 Abs. 4 FPV).

145
> **Beispiel:**
> Ein „Asia-Suppen-Snack" besteht aus einem Becher mit getrockneten Nudeln, in dem sich daneben auch ein Beutel mit einer flüssigen Würzsoße befindet. Auf der Fertigpackung zu kennzeichnen ist die Nennfüllmenge der getrockneten Nudeln nach ihrem Gewicht und die Nennfüllmenge der Würzsoße nach ihrem Volumen. Ebenso zu verfahren ist bei einer Fertigpackung, in die verschiedenartige Erzeugnisse gesondert abgefüllt werden.

146   • **Sammelpackungen** enthalten mehrere Fertigpackungen, die **zum Einzelverkauf bestimmt** sind. Dies kann – je nach Einzelfall – z. B. ein Sixpack mit Wasser sein; gerade im Discountbereich ist es üblich (und entspricht der objektiv erkennbaren Absicht des Kennzeichnungspflichtigen), dass die Sixpacks geöffnet und nur einzelne Flaschen entnommen werden. Bei Sammelpackungen ist es gemäß § 6 Abs. 5 FPV erforderlich, die Angabe der Füllmenge auf den einzelnen Packungen anzugeben; daneben müssen auf der Umhüllung der Sammelpackung Anzahl und Nennfüllmenge der einzelnen Packungen angegeben werden. Im Beispiel (Sixpack mit Wasserflaschen à 1,5 l) erfolgt die Kennzeichnung „1,5 l" auf jeder einzelnen Flasche; zusätzlich erfolgt auf der Umhüllung die Angabe „6 Flaschen à 1,5 l". Die Angabe auf der Umhüllung kann aber entfallen, wenn die einzelnen Packungen

leicht zählbar sind und die Nennfüllmenge zumindest auf einer Fertigpackung erkennbar ist (§ 6 Abs. 5 Satz 2 FPV). Bei Gebinden mit Wasserflaschen ist dies üblicherweise der Fall.

8. Kennzeichnung von Zutaten. Die Zutatenliste besteht gemäß § 6 Abs. 1   **147**
LMKV aus einer Aufzählung der Zutaten des Lebensmittels in absteigender
Reihenfolge nach Maßgabe ihres Gewichtsanteils zum Zeitpunkt ihrer Verwendung bei der Herstellung des Lebensmittels. Der Aufzählung ist ein geeigneter
Hinweis voranzustellen, in dem das Wort „Zutaten" erscheint. Bezeichnungen
wie „Liste der Bestandteile" oder „Ingredienzienverzeichnis" sind in Deutschland unzulässig.

§ 6 LMKV ist eine recht unübersichtliche Vorschrift, die vor allem in Abs. 2
Satz 1 Nr. 8 und in Abs. 8 komplizierte Regel- und Ausnahmeverhältnisse
konstruiert. So banal es klingt: Es hilft nur sorgfältiges Lesen! Hier sollte
man sich an die „Dunstkreistheorie" halten. Sie besagt: Man lese nicht nur
den Absatz oder Paragraphen, den man gerade braucht, sondern mindestens
auch noch den vorhergehenden und den nachfolgenden: Im „Dunstkreis"
befinden sich oft wichtige Regeln (vor allem: Ausnahmevorschriften), die ansonsten schnell übersehen werden.

Anzugeben ist die **Verkehrsbezeichnung** der Zutat (s. Rn. 104 ff.); Hinweise auf   **148**
den Verarbeitungsgrad/-zustand der Zutat (z. B. gemahlen, getrocknet etc.)
sind i. d. R. entbehrlich, es sei denn, der Verbraucher würde andernfalls über
die Beschaffenheit des Lebensmittels getäuscht. Kurze Ergänzungen z. B. eines
Synonyms für ansonsten für den Verbraucher nur schwer verständliche Bezeichnungen dürften innerhalb der Zutatenliste zulässig sein (vgl. *Welsch*, ZLR
1991, S. 638 f., entgegen BayObLG München – 3 Ob OWi 160/89 – ZLR 1991,
631),werbliche Anpreisungen (z. B. „1a-Salami") hingegen nicht. Alternativ zur
Verkehrsbezeichnung der Zutat kann auch ein **Klassenname** verwendet werden, sofern sich die Zutat einer der in Anlage 1 zur LMKV geregelten Klassen
zuordnen lässt. Die Klassennamen stellen für den Lebensmittelhersteller eine
Kennzeichnungserleichterung dar und ersetzen die Verkehrsbezeichnung.

Beispiel: **149**
Anstelle der Bezeichnungen „Sonnenblumenöl" oder „Rapsöl" kann auf den
Klassennamen „Öl pflanzlich" zurückgegriffen werden. Dies ist z. B. dann
interessant, wenn der Hersteller aufgrund von Lieferengpässen oder
Schwankungen in der Rohstoffqualität auf ein anderes pflanzliches Öl zu-
rückgreifen möchte, ohne die Deklaration ändern zu müssen.

150   **a) Zutatenbegriff.** § 6 LMKV setzt den **Begriff der „Zutat"** voraus, der seinerseits in § 5 LMKV definiert wird. Bei der Frage, ob ein bei der Herstellung eines Lebensmittels verwendeter Stoff im Zutatenverzeichnis anzugeben ist, empfiehlt es sich, die Voraussetzungen des Zutatenbegriffs Schritt für Schritt zu prüfen. Gemäß § 5 Abs. 1 LMKV ist Zutat

- jeder Stoff, einschließlich der Zusatzstoffe und Enzyme
- der bei der Herstellung eines Lebensmittels verwendet wird und
- unverändert oder verändert im Enderzeugnis vorhanden ist.

151   Zu den einzelnen **Voraussetzungen des Zutatenbegriffs** ist auf Folgendes hinzuweisen:

- Der Hinweis, dass der Zutatenbegriff auch Zusatzstoffe und Enzyme erfasst, ist nur klarstellender Natur: Schon der Begriff des Lebensmittels (s. Rn. 23) umfasst auch Stoffe, die einem Lebensmittel aus technologischen Gründen zugesetzt werden.
- Dass eine Zutat bei der Herstellung des Lebensmittel „verwendet" werden muss, scheint eine Selbstverständlichkeit zu sein. Trotzdem enthält die Formulierung einen wichtigen Hinweis: Ein Stoff, der unbeabsichtigt in ein Lebensmittel hineingelangt (z. B. durch Kreuzkontakt oder eine Verunreinigung, hierzu Rn. 189) ist keine Zutat; dementsprechend ist er auch im Zutatenverzeichnis nicht anzugeben.
- Der Stoff muss noch im Lebensmittel vorhanden sein, wobei es keine Rolle spielt, ob er dort verändert oder unverändert vorhanden ist.

152   Der in § 5 Abs. 1 LMKV geregelte Zutatenbegriff erfährt durch § 5 Abs. 2 LMKV eine praktisch außerordentlich wichtige Durchbrechung, denn Stoffe gelten unter bestimmten Voraussetzungen nicht als Zutat und sind dementsprechend auch nicht in der Zutatenliste anzugeben. Die Vorschrift über die **Ausnahmen vom Zutatenbegriff** ist wie folgt gefasst:

153   **Als Zutaten gelten nicht:**

- Bestandteile einer Zutat, die während der Herstellung vorübergehend entfernt und dem Lebensmittel wieder hinzugefügt werden, ohne dass sie mengenmäßig ihren ursprünglichen Anteil überschreiten (klassisches Beispiel: getrennte Verarbeitung von Ei und Eigelb; die Deklaration „Ei" in der Zutatenliste bleibt trotzdem möglich),
- Zusatzstoffe, Aromen, Enzyme und Mikroorganismenkulturen, die in einer oder mehreren Zutaten eines Lebensmittels enthalten waren, sofern sie im Enderzeugnis keine technologische Wirkung ausüben,

- Zusatzstoffe im Sinne von § 11 Abs. 2 Nr. 1 des Lebensmittel- und Bedarfs-gegenständegesetzes (damit sind die sog. Verarbeitungshilfsstoffe gemeint, zum Begriff Rn. 274),
- Lösungsmittel und Trägerstoffe für Zusatzstoffe, Aromen, Enzyme und Mi-kroorganismenkulturen, sofern sie in nicht mehr als technologisch erforder-lichen Mengen verwendet werden,
- Extraktionslösungsmittel,
- Stoffe, die wie Verarbeitungshilfsstoffe im Sinne des § 2 Abs. 3 Satz 3 Nr. 1 LFGB verwendet werden ohne selbst Zusatzstoffe zu sein, und – auch in veränderter Form – im Enderzeugnis vorhanden sind. Als Beispiele für sol-che Nicht-Zusatzstoffe, die als Verarbeitungshilfsstoffe eingesetzt werden, können Eiweiße genannt werden, die als Klärmittel verwendet werden.

Die in der Praxis wichtigste Vorschrift ist § 5 Abs. 2 Nr. 2 LMKV. Sie betrifft **154** Fälle, in denen Zusatzstoffe, Enzyme, Aromen oder Mikroorganismen **in einer oder in mehreren Zutaten** eines Lebensmittels enthalten waren, aber im **Ender-zeugnis keine technologische Wirkung mehr** ausüben. Diese Stoffe gelten dann nicht als Zutat und dürfen dementsprechend nicht in der Zutatenliste nicht genannt werden.

Beispiel 1: **155**
Das Trennmittel Siliciumdioxid (E 551) wird dem Lebensmittel „Kochsalz" zugesetzt; das Kochsalz wird einer Nasssuppe als Zutat zugegeben. Da das Trennmittel im Enderzeugnis (Nasssuppe) keine technologische Wirkung mehr hat (das Salz kann in der Suppe nicht mehr rieseln) und es in einer Zutat des Enderzeugnisses enthalten war, gilt es nicht als Zutat und ist nicht zu deklarieren.

Beispiel 2: **156**
Wie Beispiel 1, diesmal wird die Zutat „Kochsalz" einer Trockensuppe zuge-geben. Hier kann im Einzelfall nicht ausgeschlossen werden, dass das Trennmittel im Enderzeugnis (Trockensuppe) noch eine technologische Wir-kung hat und der Bildung von Klumpen entgegenwirkt. Das Trennmittel wäre entsprechend zu kennzeichnen. Zu beachten ist, dass das „Enderzeug-nis" in diesem Zusammenhang das Lebensmittel in dem Zustand ist, in dem es in Verkehr gebracht wird, nicht das Lebensmittel nach der Zubereitung durch den Verbraucher.

157

> **Beispiel 3:**
> Der Stoff Diphosphat (E 450a) wird einer Kartoffelmasse zugesetzt, um bei der Herstellung der Zutat „Kartoffelpüreeflocken" eine enzymbedingte Graufärbung zu verhindern. Im Enderzeugnis „Lebensmittel auf Trockenkartoffelbasis" hat der Stoff aber keine technologische Wirkung mehr. Der EuGH kam in diesem Fall zu dem Ergebnis, dass im Sinne einer zweckdienlichen Unterrichtung der Verbraucher ein solcher Zusatzstoff im Zutatenverzeichnis nicht aufgeführt werden darf (Urteil v. 28. September 1994 – C-144/93 – ZLR 1995, S. 181 ff.).

> Bei der Prüfung der Frage, ob Zusatzstoffe, Aromen, Enzyme oder Mikroorganismen im Enderzeugnis noch eine technologische Wirkung haben, ist es hilfreich, sich folgende **Prüffrage** zu stellen: Kann der Stoff aus dem Enderzeugnis hinweggedacht werden, ohne dass dies etwas an Beschaffenheit des Lebensmittels (z. B. Farbe, Haltbarkeit, Geschmack etc.) ändert? Wenn ja, kann eine technologische Wirkung im Enderzeugnis verneint werden. Bei der Anwendung der Prüffrage ist zu beachten, dass ein und derselbe Zusatzstoff durchaus unterschiedliche technologische Wirkungen haben kann.

158

> **Beispiel:**
> Der Zusatzstoff Lecithin (E 322) kann Emulgator, Antioxidationsmittel, Stabilisator oder Mehlbehandlungsmittel sein.

159 Für die Frage, ob der Stoff in Enderzeugnis noch eine technologische Wirkung hat, ist ausschließlich auf den **Zweck** abzustellen, zu dem ihn der Lebensmittelhersteller dem Lebensmittel hinzugegeben hat.

160

> **Beispiel:**
> Lecithin wird einer Schokolade als Emulgator zugegeben. Wird diese Schokolade später eingeschmolzen und als Zutat von Schokoladeneis verwendet, kommt es nur darauf an, ob das Lecithin noch die intendierte emulgierende Wirkung hat; ob das Lecithin im Enderzeugnis eine antioxidative (Neben-) Wirkung hat, ist unbeachtlich.

161 **b) Sonderregeln und Ausnahmen bei der Zutatenkennzeichnung.** Der Grundsatz, dass die Zutaten in der Zutatenliste in absteigender Reihenfolge nach Maßgabe ihres Gewichtsanteils anzugeben sind, erfährt durch die Regelung in

§ 6 Abs. 2 Satz 1 LMKV einige Durchbrechungen. Auf folgende Ausnahmen soll hingewiesen werden:

- Die Menge an **zugefügtem Wasser** und **flüchtigen Zutaten** wird durch Abzug der Summe der Gewichtsanteile aller anderen verwendeten Zutaten von der Gesamtmenge des Enderzeugnisses ermittelt; die Angabe kann entfallen, sofern der errechnete Anteil nicht mehr als 5 % beträgt;
- Zutaten, die **in konzentrierter oder getrockneter Form** verwendet werden, und bei der Herstellung des Lebensmittels in ihren ursprünglichen Zustand zurückgeführt werden, können nach Maßgabe ihres Gewichtsanteils vor der Eindickung oder vor dem Trocknen im Verzeichnis angegeben werden; die Angabe des lediglich zur Rückverdünnung zugesetzten Wassers kann entfallen. Voraussetzung ist allerdings, dass eine Rückverdünnung zum ursprünglichen Zustand überhaupt möglich ist.

> **Beispiele:**   **162**
> - Die Kennzeichnung der Zutat „Milch" ist möglich, wenn Milchpulver unter Hinzugabe von Wasser rückverdünnt wird.
> - Dreifach konzentriertes Tomatenmark kann vom Hersteller einer Tomatensoße auf (einfach konzentriertes) Tomatenmark zurückgerechnet und an entsprechender Stelle im Zutatenverzeichnis angegeben werden. Eine Rückverdünnung des Tomatenmarks zu passierten Tomaten oder gar ganzen geschälten Tomaten ist allerdings schon physikalisch ausgeschlossen.

- Bei **Aufgussflüssigkeiten**, die **üblicherweise nicht mitverzehrt** werden, kann die Angabe des Wasseranteils entfallen. Eine Definition von Aufgussflüssigkeiten ist in § 11 Abs. 1 Satz 1 FPV enthalten. Ihnen ist gemein, dass sie für die Kaufentscheidung des Verbrauchers von untergeordneter Rolle sind; die Aufzählung ist abschließend: Wasser, wässrige Salzlösungen, Salzlake, Genusssäure in wässriger Lösung, Essig, wässrige Zuckerlösungen, wässrige Lösungen von anderen Süßungsstoffen oder -mitteln, Frucht- oder Gemüsesäfte bei Obst und Gemüse. Im Hinblick auf die Frucht- und Gemüsesäfte (z. B. bei Mandarinen- oder Ananasstücken) wird man allerdings davon ausgehen müssen, dass diese üblicherweise mitverzehrt werden (vgl. *Hagenmeyer*, LMKV, § 6, Rn. 15); dementsprechend wäre der Anteil des zugesetzten Wassers zu kennzeichnen, soweit dieser 5 % übersteigt (vgl. den ersten Ausnahmetatbestand).
- Bei **konzentrierten oder getrockneten Lebensmitteln**, bei deren bestimmungsgemäßem Gebrauch Wasser zuzusetzen ist, können die Zutaten in

der Reihenfolge ihres Anteils an dem in seinen ursprünglichen Zustand zu-
rückgeführten Erzeugnis angegeben werden, sofern das Verzeichnis der Zutaten eine Angabe wie „Zutaten des gebrauchsfertigen Erzeugnisses" enthält.

- **Obst-, Gemüse- oder Pilzmischungen** können – sofern sich die Obst-, Ge-
müse- oder Pilzarten in ihrem Gewichtsanteil nicht wesentlich unterscheiden – im Zutatenverzeichnis unter der Bezeichnung „Obst", „Gemüse" oder
„Pilze", gefolgt von dem Hinweis „in veränderlichen Gewichtsanteilen", unmittelbar gefolgt von den vorhandenen Obst-, Gemüse- oder Pilzsorten angegeben werden; in diesem Fall ist die Mischung nach dem Gewichtsanteil
der Gesamtheit der jeweils vorhandenen Obst-, Gemüse- oder Pilzsorten im
Verzeichnis der Zutaten anzugeben;
- Bei **Gewürzmischungen oder Gewürzzubereitungen** können die Gewürzarten in anderer Reihenfolge angegeben werden, sofern sich die Gewürzarten
in ihrem Gewichtsanteil nicht wesentlich unterscheiden und im Verzeichnis
der Zutaten ein Hinweis wie „in veränderlichen Gewichtsanteilen" erfolgt.
- Zutaten, deren **Anteil weniger als 2 % des Enderzeugnisses** beträgt, können
in beliebiger Reihenfolge nach den übrigen Zutaten angegeben werden.
- Nach Art, Beschaffenheit und Charakter **vergleichbare und untereinander
austauschbare Zutaten**, deren Anteil **weniger als 2 %** des Enderzeugnisses
beträgt, mit dem Vermerk „Enthält ... und/oder ..." angegeben werden, sofern mindestens eine von höchstens zwei Zutaten im Enderzeugnis vorhanden ist.

163 c) **Zusammengesetzte Zutaten.** Zusammengesetzte Zutaten (das sind solche
Zutaten, die ihrerseits aus einzelnen Zutaten bestehen) **können** mit der für sie
nach allgemeiner Verkehrsauffassung üblichen Bezeichnung nach Maßgabe
ihres Gewichtsanteils in der Zutatenliste aufgeführt werden, allerdings muss
ihnen dann eine Aufzählung aller Einzelzutaten folgen (§ 6 Abs. 2 Satz 1 Nr. 8
LMKV).

164   **Beispiele:**
Senf (Wasser, Senfsaat, Branntweinessig, Salz, Zucker, Gewürze); Nitritpö-
kelsalz (Salz, Konservierungsstoff Natriumnitrit), Jagdwurst (Schweinefleisch, Wasser, Salz, Gewürze).

165 Zu beachten ist, dass die Angabe von zusammengesetzten Zutaten mit ihrer
Verkehrsbezeichnung lediglich eine Option ist („können"). Ebensogut kann auf
die Nennung der zusammengesetzten Zutat verzichtet werden; in diesem Fall

werden lediglich die Einzelzutaten an der jeweiligen Stelle (nach Maßgabe des Gewichtsanteils bezogen auf das Gesamterzeugnis) im Zutatenverzeichnis angegeben. Für den Hersteller ist diese Regelung in der Praxis sehr wertvoll, weil er so die Möglichkeit hat, Zutatenverzeichnisse übersichtlicher zu gestalten.

Beispiel: **166**
Ein Feinkostsalat enthält eingelegte Sellerie, eingelegte Gurken und eingelegte Zwiebeln. Werden diese zusammengesetzten Zutaten jeweils nach Maßgabe ihres Gewichtsanteils angegeben, ergibt sich hieraus z. B. die folgende Zutatenliste: *„[...] eingelegte Sellerie (Sellerie, Wasser, Branntweinessig, Senfsaat, Gewürze), eingelegte Gurken (Gurken, Wasser, Branntweinessig, Senfsaat, Gewürze), eingelegte Zwiebeln (Zwiebeln, Wasser, Branntweinessig, Senfsaat, Gewürze) [...]“.* Löst man die zusammengesetzten Zutaten hingegen in ihre einzelnen Bestandteile auf, verkürzt sich die Zutatenliste deutlich: *„[...] Wasser, Sellerie, Gurken, Zwiebeln, Branntweinessig, Senfsaat, Gewürze [...]“.*

Vor- und Nachteile beider Vorgehensweisen liegen auf der Hand: **167**
Oftmals möchte der Lebensmittelhersteller auf eine besondere, vom Verbraucher geschätzte zusammengesetzte Zutat besonders hinweisen (Beispiel: Senf); in diesem Fall wird er die Angabe der Einzelzutaten in Klammern (Wasser, Senfsaat, Branntweinessig, Salz, Zucker. Gewürze) in Kauf nehmen. Allerdings nimmt er damit Doppelnennungen von Zutaten in Kauf, denn eine „Verrechnung" mit anderen Wasser-, Salz- oder Branntweinessiganteilen ist nicht möglich. Der Wortlaut des § 6 LMKV sieht ein teilweises Herausrechnen von Einzelzutaten aus der Klammer nicht vor.

Die Verwendung von jodiertem Speisesalz (**Jodsalz**) ist aus ernährungswissen- **168**
schaftlicher Sicht zur Verbesserung der Jodversorgung der deutschen Bevölkerung sinnvoll und wird in den Ernährungsberichten der Deutschen Gesellschaft für Ernährung ausdrücklich empfohlen (vgl. Ernährungsbericht 2004, S. 66; Ernährungsbericht 2008, S. 98). Jodsalz ist eine zusammengesetzte Zutat und müsste dementsprechend z. B. wie folgt gekennzeichnet werden: „Jodsalz (Salz, Kaliumjodat)". Der Gesetzgeber hat aber in § 6 Abs. 2 Satz 2 LMKV eine Ausnahmeregelung geschaffen, die die Aufschlüsselung der Einzelzutaten von Jodsalz nicht erforderlich macht. Durch den Verweis auf § 6 Abs. 2 Satz 1 Nr. 8 b) LMKV kann die Regelung allerdings so verstanden werden, dass die Einzelzutaten von Jodsalz nur dann nicht aufgeschlüsselt werden müssen, wenn der Jodsalzanteil im Enderzeugnis unter 2 % liegt. Die Aufschlüsselung der Einzelzutaten birgt für den Verbraucher aber keine verwertbare Information (Jodsalz enthält nun einmal nur Salz + Jod; zudem sind die Zusatzstoffe Kalium- und

Natriumjodat ohnehin ausschließlich zur Herstellung von Jodsalz zugelassen. Auf die Aufschlüsselung der Einzelzutaten kann daher nach hier vertretener Auffassung insgesamt verzichtet werden.

169   **d) Kennzeichnung von Zusatzstoffen, Enzymen und Aromen.** Wie § 5 Abs. 1 LMKV – unnötigerweise – klarstellt, sind auch Zusatzstoffe, Enzyme, Mikroorganismen und Aromen kennzeichnungspflichtige Zutaten. Wie bereits erläutert (siehe oben, Rn. 153 ff.), gelten sie lediglich unter bestimmten Umständen nicht als Zutaten. Sofern sie aber im Zutatenverzeichnis angegeben werden müssen, sind einige Besonderheiten zu beachten:

170   • Die **Kennzeichnung von Zusatzstoffen** ist in § 6 Abs. 4 Nr. 2 LMKV näher geregelt. Die Vorschrift enthält eine Ergänzung des Grundsatzes, dass Zutaten mit ihrer Verkehrsbezeichnung zu kennzeichnen sind. Bei der Kennzeichnung von Zusatzstoffen ist der Bezeichnung des Zusatzstoffes zwingend ein **Klassenname** voranzustellen. Der Klassenname beschreibt die technologische Funktion, die der Lebensmittelunternehmer mit dem Einsatz des Stoffes verfolgt; wird ein Stoff einem Lebensmittel aus mehreren technologischen Gründen zugesetzt, ist für die Kennzeichnung auf den Hauptzweck abzustellen. Dem Klassennamen folgt die Bezeichnung des Stoffes oder (alternativ) die Angabe der E-Nummer. Die Verkehrsbezeichnungen der Zusatzstoffe sind der Zusatzstoffzulassungsverordnung (Verordnung über die Zulassung von Zusatzstoffen zu Lebensmitteln zu technologischen Zwecken – ZZulV) und der Zusatzstoffverkehrsverordnung (ZVerkV) zu entnehmen. Die zu kennzeichnenden Klassennamen für Zusatzstoffe sind abschließend in Anlage 2 der LMKV geregelt.

171   • **Exkurs: Kenntlichmachung.** Die Kennzeichnung von Zusatzstoffen im Zutatenverzeichnis ist streng von deren Kenntlichmachung zu unterscheiden. Da der Gesetzgeber ein gesteigertes Interesse der Verbraucher am Vorhandensein bestimmter Zusatzstoffe in Lebensmitteln festgestellt hat, reicht es in einigen – wenigen – Fällen nicht aus, wenn der Zusatzstoff bei Lebensmitteln in Fertigpackungen im Zutatenverzeichnis genannt wird. Zusätzlich ist auf den Gehalt an bestimmten Zusatzstoffen auch außerhalb der Zutatenliste hinzuweisen. Diese Kenntlichmachung richtet sich nicht nach der LMKV, sondern ist in § 9 ZZulV geregelt. Danach ist z. B. bei einem Lebensmittel mit einem Gehalt an Farbstoffen die Angabe „mit Farbstoff" erforderlich. Auf die wichtigste Ausnahme sei sogleich hingewiesen: Nach § 9 Abs. 8 Nr. 2 ZZulV kann die Kenntlichmachung bei Lebensmitteln in Fertigpackungen entfallen, wenn auf dieser ein Zutatenverzeichnis angegeben ist. Die Ausnahme gilt allerdings nur für die „Angaben nach Absatz 1", nicht für die in den übrigen Absätzen des § 9 geregelten Kenntlichmachungspflichten (z. B. für Süßungsmittel). Häufig anzutreffen ist auch der Hinweis „unter Schutzatmosphäre verpackt" bei Fertigpackungen für Verbraucher, deren Haltbarkeit durch eine Schutzatmosphäre verlängert wird (§ 9 Abs. 7 ZZulV). Große praktische Bedeutung hat die Kenntlichmachungspflicht für den Bereich der losen Ware (hierzu auch 🔵 Rn. 41 ff.).

🔵 → Gesetzestext § 9 ZZulV.

- Für die **Kennzeichnung von Enzymen** galten bis zum Jahr 2010 keine Besonderheiten: Sofern sie in einer Zutat eines Lebensmittels enthalten waren und im Enderzeugnis keine technologische Wirkung mehr hatten, entfiel eine Kennzeichnung. War eine Kennzeichnung erforderlich, so hatte diese (nur) mit der Verkehrsbezeichnung zu erfolgen. Mit der Verordnung (EG) Nr. 1332/2008 des Europäischen Parlaments und des Rates vom 16. Dezember 2008 über Lebensmittelenzyme (kurz: Enzymverordnung, hierzu Rn. 300 ff.) wurden die Kennzeichnungsregeln für Enzyme ergänzt: Neben der Verkehrsbezeichnung ist nun auch eine **„Funktionsklasse"** zu nennen. Gemeint ist damit nichts anderes als ein Klassenname; dieser ist nach dem Willen des Gesetzgebers demselben Katalog zu entnehmen, wie die Klassennamen für Zusatzstoffe. Dem besonderen Charakter der Enzyme wird dies insgesamt nicht gerecht, denn Enzyme üben die technologische Funktion im Gegensatz zu den Zusatzstoffen in der Regel nicht selbst aus, sondern regen diese nur an. Zudem beschreibt die Mehrzahl der Klassennamen für Zusatzstoffe die technologische Wirkung vieler Enzyme nicht hinreichend, so dass ein dringender Korrekturbedarf besteht: Entweder sollte Anhang II der Enzymverordnung ergänzt oder ein eigener Anhang mit Klassennamen für Enzyme geschaffen werden. Für den Rechtsanwender besteht hier eine erhebliche Unsicherheit; findet er in Anhang II keine adäquate Beschreibung des von ihm eingesetzten Enzyms, sollte es zulässig sein, der Verkehrsbezeichnung des verwendeten Enzyms schlicht den „Klassennamen" „Enzym" voranzustellen. Gleichwohl: Solange die Beratungen andauern, sind die Kennzeichnungsvorschriften der der Enzymverordnung – die Umsetzung ist in einer neuen Nr. 3 zu § 6 Abs. 4 LMKV vorgesehen – verbindlich. Als Beispiel für die Kennzeichnung eines Enzyms in der Zutatenliste mit Funktionsklasse und Verkehrsbezeichnung (bei unterstellter technologischer Wirksamkeit im Enderzeugnis) kann „Stabilisator Transglutaminase" genannt werden.

172

173 • Ein **Aroma** besteht in der Regel aus einem Aromastoff und einem Trägerstoff; dabei ist es nicht unüblich, dass der Aromastoff aus mehreren Ausgangsstoffen zusammengesetzt ist. Dementsprechend handelt es sich bei Aromen häufig um zusammengesetzte Lebensmittel, deren Einzelzutaten aufgeschlüsselt werden müssten. Der Gesetzgeber hat allerdings erkannt, dass die Nennung der Einzelzutaten eines Aromas regelmäßig für den Verbraucher keine verwertbare Information enthält. Daher ist es gemäß § 6 Abs. 5 LMKV zulässig, ein verwendetes Aroma in der Zutatenliste schlicht als „Aroma" zu kennzeichnen. Darüber hinaus kann (freiwillig) eine genauere Bezeichnung angegeben werden („Erdbeeraroma"). Zu beachten ist aber auch bei der Kennzeichnung von Aromen die Allergenkennzeichnung (hierzu ausführlich unter Rn. 178 ff.): Wurde z. B. der Trägerstoff eines Aromas aus einem allergenen Stoff gemäß Anlage 3 der LMKV hergestellt, so ist in der Zutatenliste darauf hinzuweisen.

174   **Beispiel:** „Aroma (Weizen)".

175 • Für viele Unternehmen ist es zunehmend von Bedeutung, auf die „Natürlichkeit" ihrer Produkte und der verwendeten Zutaten hinweisen zu können. Entsprechend beliebt sind gerade bei Aromen Hinweise auf die Natürlichkeit von Aromastoffen. Hierzu gelten nach der neuen EU-Aromenverordnung (hierzu unten, Rn. 315 ff.) besondere Vorschriften, auf die in der LMKV verwiesen wird. Nach Art. 16 Nr. 2–6 der EU-Aromenverordnung ist Folgendes zu beachten:

– Der Hinweis „natürlich" darf nur erfolgen, wenn der **Aromabestandteil** ausschließlich Aromaextrakte und/oder natürliche Aromastoffe enthält. Die **Bezeichnung „natürliche(-r) Aromastoff(-e)"** darf nur verwendet werden, wenn der Aromabestandteil ausschließlich natürliche Aromastoffe enthält. Genauere Angaben sind möglich (Beispiel: „Natürlicher Aromastoff Vanillin").

– Die **Bezeichnung „Natürliches XY Aroma"** darf nur verwendet werden, wenn der Aromabestandteil ausschließlich oder mindestens zu 95 Gew.-% aus XY gewonnen wurde. Als Ausgangsstoffe kommen einzelne Lebensmittel oder Kategorien in Betracht (Beispiele: *„Natürliches Rindfleisch-Aroma"*, *„Natürliches Frucht-Aroma"*). Aus Erwägungsgrund 28 zur Aromenverordnung ergibt sich, dass Stoffe des verbleibenden Anteils (der höchstens 5 Gew.-% betragen darf) nur für die Standardisierung oder z. B. zur Verleihung einer frischeren, schärferen, reiferen oder grüneren Aromanote verwendet werden dürfen.

– Möglich ist auch die Bezeichnung „**Natürliches XY-Aroma mit anderen natürlichen Aromen**", allerdings nur dann, wenn der Aromabestandteil zum Teil aus dem in Bezug genommenen Ausgangsstoff stammt, dessen Aroma leicht erkennbar ist.

> **Beispiel**: **176**
> Ein „natürliches Pfefferaroma mit anderen natürlichen Aromen" muss leicht erkennbar nach Pfeffer schmecken.

– Der in der Praxis bislang häufig verwendete Begriff „**natürliches Aroma**" darf nach dem neuen Aromenrecht nur noch verwendet werden, wenn der Aromabestandteil aus verschiedenen (gemeint ist wohl: aus anderen) Ausgangsstoffen stammt und wenn eine Nennung der Ausgangsstoffe ihr Aroma oder ihren Geschmack nicht zutreffend beschreiben würde.

> **Beispiel**: **177**
> Ein Aroma mit Erdbeergeschmack enthält keine Erdbeerbestandteile, es besteht also „aus verschiedenen" Ausgangsstoffen. Die Nennung der Ausgangsstoffe würde den Geschmack des Aromas nicht beschreiben können. Daher ist die Bezeichnung „natürliches Aroma" zulässig; wahlweise kann auch eine genauere Beschreibung gewählt werden: „natürliches Aroma mit Erdbeergeschmack". Die Bezeichnung „natürliches Erdbeeraroma" ist hingegen in diesem Fall nicht zulässig: Es gilt die 95-%-Regel (s. o.).

> Wie die Kennzeichnung natürlicher Aromen zu erfolgen hat, ist derzeit außerordentlich umstritten. Der Wortlaut der Aromenverordnung ist an einigen Stellen nicht eindeutig, so dass weniger konfliktbereite Unternehmen die sichere Auffangbezeichnung „Aroma" in Betracht ziehen sollten.

e) Kennzeichnung „allergener Zutaten". Seit dem 25. November 2005 gelten **178** besondere Vorschriften für die Kennzeichnung bestimmter Zutaten, die allergene oder andere Überempfindlichkeitsreaktionen auslösen können. Die Vorschriften dienen der verbesserten Verbraucherinformation und sehen im Kern eine grundsätzlich ausnahmslose Kennzeichnungspflicht für einen Katalog bestimmter Lebensmittel vor; dies gilt auch für Verarbeitungserzeugnisse, die aus diesen Zutaten hergestellt wurden.

Um die praktisch wichtigen – weil gesundheitlich relevanten – Vorschriften der **179** Allergenkennzeichnung besser verstehen zu können, ist kurz auf die Rechtslage vor dem 25. November 2005 und die so genannte **25-%-Regel** einzugehen. Nach dieser Regel war eine zusammengesetzte Zutat im Zutatenverzeichnis nicht in ihre einzelnen Bestandteile „aufzuschlüsseln", wenn für sie eine vorgeschriebene oder verkehrsübliche Bezeichnung verwendet wurde und sie weniger als 25 % des Gesamtgewichts des Enderzeugnisses ausmachte.

180

Beispiel:

Ein Feinkostsalat enthält die zusammengesetzte Zutat „Mayonnaise" zu einem Anteil von 20 %: Nach der alten Rechtslage konnte die verkehrsübliche Bezeichnung „Mayonnaise" verwendet werden, ohne dass deren Einzelzutaten aufzuschlüsseln waren. Nach dem Wegfall der 25-%-Regel sieht die Deklaration im Zutatenverzeichnis nun z. B. so aus: „Mayonnaise [pflanzliches Öl, Eigelb, Branntweinessig, Senf (Wasser, Senfsaat, Branntweinessig, Gewürze), Gewürze].

181 Der Wegfall der 25-%-Regel sowie die verpflichtende Kennzeichnung bestimmter Zutaten, die allergische oder andere Unverträglichkeitsreaktion auslösen können, geht auf die EU-Richtlinie 2003/89/EG zurück und wurde durch den deutschen Gesetzgeber im Wege einer Änderung der LMKV in nationales Recht umgesetzt. Wie bereits ausgeführt, regelt die LMKV die Kennzeichnung von Zutaten, die bei der Herstellung eines Lebensmittels rezepturgemäß verwendet werden. Unter der so genannten Allergenkennzeichnung ist Folgendes zu verstehen: Für einen Katalog bestimmter Lebensmittel, bei denen der europäische Gesetzgeber ein besonderes allergenes Potenzial festgestellt hat (Anhang III der Richtlinie/Anlage 3 zur LMKV – Zutaten, die allergische oder andere Unverträglichkeitsreaktionen auslösen können), wurde die Pflicht zu einer unbedingten, ausnahmslosen Kennzeichnung eingeführt, mit der Folge, dass bestehende Kennzeichnungserleichterungen nicht mehr oder nur noch eingeschränkt gelten. Die Vorschriften zur Allergenkennzeichnung finden sich an unterschiedlichen Stellen der LMKV:

- § 3 Abs. 2 Satz 2 LMKV
- § 5 Abs. 3 LMKV
- § 6 Abs. 2 Satz 3 LMKV
- § 6 Abs. 4 Nr. 2 LMKV
- § 6 Abs. 5a LMKV
- § 6 Abs. 6 Satz 2 und 3 LMKV.

182 Um die Systematik der Allergenkennzeichnung zu verstehen, sollten die folgenden Schritte nachvollzogen werden:

- **Grundsatz:** Nach Maßgabe des § 6 LMKV sind alle bei der Herstellung eines **183** Lebensmittels verwendeten Zutaten im Zutatenverzeichnis anzugeben.
- **Ausnahme:** Die Stoffe, die nach Maßgabe des § 5 Abs. 2 LMKV nicht als Zutat gelten (hierzu oben, Rn. 153), sind nicht anzugeben. Dies betrifft wie bereits dargestellt insbesondere Zusatzstoffe, Aromen, Enzyme und Mikroorganismenkulturen, die in einer oder mehreren Zutaten eines Lebensmittels enthalten waren, sofern sie im Enderzeugnis keine technologische Wirkung ausüben (§ 5 Abs. 2 Nr. 2 LMKV), Verarbeitungshilfsstoffe, Lösungsmittel und Trägerstoffe für Zusatzstoffe, Aromen, Enzyme und Mikroorganismenkulturen (§ 5 Abs. 2 Nr. 3 und 4 LMKV). Darüber hinaus bestimmen Sonderregeln, dass einige zusammengesetzte Zutaten im Zutatenverzeichnis nicht aufgeschlüsselt werden müssen, so z. B. Gewürz- und Kräutermischungen, die in einem Anteil von unter 2 % des Enderzeugnisses verwendet werden (vgl. § 6 Abs. 2 Satz 1 Nr. 8 b) LMKV).
- **Durchbrechung der Ausnahmen** durch die Vorschriften zur Allergenkennzeichnung: Die Kennzeichnungserleichterungen gelten nicht, wenn in Anlage 3 der LMKV aufgeführte Zutaten beteiligt sind (vgl. § 5 Abs. 3 LMKV). In diesem Fall ist die Zutat im Zutatenverzeichnis stets anzugeben und auf das allergene Potenzial hinzuweisen, sofern dies nicht bereits aufgrund der Verkehrsbezeichnung der Zutat erkennbar ist. Auch wenn kein Fall einer Kennzeichnungserleichterung nach § 5 Abs. 2 LMKV vorliegt, muss stets auf das allergene Potenzial einer Zutat hingewiesen werden, wenn sich dies nicht schon aus seiner Verkehrsbezeichnung ergibt (§ 6 Abs. 5a LMKV).

Beispiel 1: **184**
Eine Mayonnaise enthält den Emulgator Lecithin. Das Lecithin wurde aus dem Rohstoff Eigelb hergestellt. Da Ei zu den allergenen Zutaten nach Anlage 3 gehört und dort auch keine einschlägige Ausnahme geregelt ist, muss auf den allergenen Ausgangsstoff hingewiesen werden: „Emulgator Lecithin (Ei)". Üblich sind im Rahmen der Allergenkennzeichnung auch kurze erläuternde Hinweise wie „*(enthält Ei)*" oder „*(aus Ei)*".

Beispiel 2: **185**
Ein Milchmischgetränk enthält ein Vanillearoma. Der Aromabestandteil befindet sich auf dem Trägerstoff Sojabohnen-Polyose. Nach § 6 Abs. 5 LMKV ist es zulässig, das Aroma schlicht als „Aroma" oder eine genauere Beschreibung des Aromas (z. B. „Vanillearoma") anzugeben; Trägerstoffe für Aromen gelten – sofern sie nur in der technologisch erforderlichen Menge verwendet werden – nicht als Zutaten (§ 5 Abs. 2 Nr. 4 LMKV). Da Soja aber zu den

kennzeichnungspflichtigen Allergenen nach Anlage 3 gehört und der Verbraucher das allergene Potenzial des Lebensmittels anhand der Verkehrsbezeichnung des Aromas nicht erkennen kann, ist ein entsprechender Hinweis erforderlich: „Vanillearoma (enthält Soja)".

186

Beispiel 3:

Eine Grillsauce enthält eine Gewürzmischung (zusammengesetzte Zutat), die einen Anteil von weniger als 2 % des Erzeugnisses ausmacht. In diesem Fall müssen die einzelnen Bestandteile der Gewürzmischung nicht einzeln aufgezählt werden (§ 6 Abs. 2 Satz 1 Nr. 8 b LMKV). Enthält die Gewürzmischung aber eine Zutat der Anlage 3, muss auf diese Zutat gesondert hingewiesen werden (§ 6 Abs. 2 Satz 3 LMKV). Die Deklaration kann z. B. folgendermaßen lauten: *„Gewürzmischung (enthält Sellerie)"*.

187

Beispiel 4:

Einer trockenen Zwiebelsuppe wird das Antioxidationsmittel Schwefeldioxid (E 220) zugegeben. Bei einer Analyse des Trockenprodukts wird eine Konzentration von 12 mg/kg SO_2 festgestellt. Eine Analyse des verzehrfertigen, mit Wasser zubereiteten Enderzeugnisses, ergibt eine Konzentration von 6 mg/kg SO_2. Für die Frage der Allergenkennzeichnung sind folgende Erwägungen anzustellen:

- Es besteht Einigkeit darüber, dass der Grenzwert für die Kennzeichnung von SO_2 von 10 mg/kg/l auf das verzehrfertige Enderzeugnis zu beziehen ist. Dies ist praxisgerecht und führt nicht zu einer unnötigen Verkleinerung der Produktauswahl für betroffene Verbraucher. Ein gesonderter Hinweis auf die Zutat SO_2 im Rahmen der Allergenkennzeichnung wäre also nicht erforderlich.

- Allerdings ist das verwendete SO_2 ohnehin in der Zutatenliste anzugeben, da es der Trockenmischung unmittelbar zugesetzt wurde; auf seine technologische Wirkung kommt es daher nicht an (hierzu Rn. 154).

- Bei der Kennzeichnung ist zu beachten, dass die Angabe „Antioxidationsmittel E 220" nicht ausreichend ist (obwohl davon ausgegangen werden kann, dass überempfindliche Verbraucher die E-Nummer 220 kennen). Erforderlich ist es, den allergenen Stoff „beim Namen zu nennen". Richtig ist daher die Angabe: „Antioxidationsmittel Schwefeldioxid". Gleiches gilt z. B. bei der Kennzeichnung *„Emulgator Lecithin (aus Soja)"* – auch hier wäre die Angabe nur der E-Nummer nicht ausreichend.

- Im Zusammenhang mit SO_2 und Sulfiten ist zu beachten, dass einige Zutaten natürlicherweise SO_2 enthalten; klassische Beispiele sind Zwiebeln und Knoblauch. Im Rahmen der Allergenkennzeichnung ist aber das natürlicherweise enthaltene SO_2 nicht zu berücksichtigen, denn nach dem Wortlaut der Anlage 3 sind nur als Zutat eingesetztes SO_2 und Sulfite erfasst. Sofern nachgewiesen werden kann, dass der SO_2-Gehalt des Enderzeugnisses von mehr als 10 mg/kg/l aus der Zugabe anderer SO_2-haltiger Zutaten resultiert, ist eine Allergenkennzeichnung nicht erforderlich. In der Praxis wird häufig gleichwohl eine Kennzeichnung vorgenommen werden, schon weil die analytische Unterscheidung zwischen zugesetztem und natürlicherweise enthaltenem SO_2 kaum möglich ist und die Information dem Interesse betroffener Verbraucher dient.

Beispiel 5:   **188**
Eine Pesto-Sauce enthält Parmesan. Da Käse zu den kennzeichnungspflichtigen Allergenen der Anlage 3 gehört, wäre zu prüfen, ob nach den Vorschriften über die Allergenkennzeichnung ein gesonderter Hinweis erforderlich ist [z. B. Parmesan (Käse)]. Dies ist nicht der Fall: Anhand der Verkehrsbezeichnung „Parmesan" kann der durchschnittlich informierte Verbraucher das allergene Potenzial des Lebensmittels erkennen; ein weiterer Hinweis ist nicht erforderlich (vgl. § 6 Abs. 5a LMKV).

Es ist darauf hinzuweisen, dass die in der LMKV geregelte Allergenkennzeichnung ausschließlich bestimmungsgemäß eingesetzte Stoffe – Zutaten – betrifft. Von der Allergenkennzeichnung streng zu trennen sind **Hinweise auf mögliche Spuren allergener Stoffe**, die nicht rezepturgemäß eingesetzt werden. Solche Hinweise erfolgen in eigener Verantwortung des Lebensmittelherstellers und sollen einer Haftung wegen einer Verletzung der Verkehrssicherungspflicht vorbeugen (hierzu ⊙ Rn. 119 f.).   **189**

Ist im Rahmen einer Klausur eine Zutatenliste zu erstellen, sollten folgende Schritte eingehalten werden:
- Aufzählung der Zutaten in absteigender Reihenfolge nach ihrem Gewichtsanteil
- mehrfach verwendete Zutaten miteinander „verrechnen"; hierzu dürfen (optional) auch zusammengesetzte Zutaten in ihre einzelnen Zutaten aufgelöst werden

- Genügen die vorgeschlagenen Verkehrsbezeichnungen den Anforderungen des § 4 LMKV? Bei der Bezeichnung von Zusatzstoffen, Aromen und Enzymen sind zusätzlich die spezialgesetzlichen Regelungen zu beachten.
- Bei allen Zusatzstoffen und Enzymen prüfen, ob ein Fall des „carry-over" vorliegt; fehlt die technologische Wirkung im Enderzeugnis, kann die Angabe entfallen (bei Aromen eher selten der Fall). In der Klausur sollte die Zutat im Zweifel eher genannt und auf die Unklarheit hingewiesen werden.
- Immer an die Allergenkennzeichnung denken!

190   **9. Herstellerangabe.** Unter dem Stichwort „Herstellerangabe" ist die Angabe des lebensmittelrechtlich Verantwortlichen zu verstehen; dies ist nicht zwingend der Hersteller. § 3 Abs. 1 Nr. 2 LMKV gestattet wahlweise die Angabe
- des Herstellers oder
- des Abpackers oder
- eines im europäischen Wirtschaftsraum niedergelassenen Händlers

einschließlich der Anschrift. Die Angabe muss so genau sein, dass beispielsweise ein Verbraucher in Schadensfällen ohne weitere Nachforschungen mit dem Verantwortlichen Kontakt aufnehmen kann. Die bloße Angabe einer Telefonnummer („Hotline") oder der Internetadresse ist nach überwiegender Meinung nicht ausreichend.

191   **10. QUID – Die mengenmäßige Kennzeichnung von Zutaten.** Zu den Pflichtkennzeichnungselementen gehört auch die mengenmäßige Kennzeichnung von Zutaten, die in Form einer oder mehrerer prozentualer Angaben auf den meisten Fertigpackungen mit Lebensmitteln zu finden ist. Die Mengenkennzeichnung wird verbreitet mit der Abkürzung „QUID" bezeichnet, die auf die englische Bezeichnung „**QU**antitative **I**ngredient **D**eclaration" zurückgeht. Im Kern sieht die in § 8 LMKV geregelte QUID-Kennzeichnung vor, dass der **Anteil bestimmter Zutaten in Gewichtsprozenten** zu deklarieren ist.

192   Die mengenmäßige Angabe bestimmter Zutaten soll es dem Verbraucher ermöglichen, eine **informierte Wahl** zwischen gleichartigen Erzeugnissen treffen zu können. Werden etwa bestimmte wertgebende Zutaten eines Produkts (Beispiel: Hackfleischanteil in Chili con carne) mengenmäßig angegeben, kann der Verbraucher unterschiedliche Mengen bei der Kaufentscheidung berücksichtigen. Die Einführung der QUID-Regelung erfolgte aber auch vor dem Hintergrund, dass im europäischen Binnenmarkt selbst bei gleicher Produktbezeichnung unterschiedliche Verkehrsauffassungen bestehen. QUID dient also auch dem Ziel, eine mögliche **Irreführung des Verbrauchers zu vermeiden** und **Wettbewerbsverzerrungen auszuschließen**.

Bevor die Voraussetzungen der Mengenkennzeichnung im Einzelnen darge- **193** stellt werden, sei darauf hingewiesen, dass § 8 LMKV einige unbestimmte Rechtsbegriffe enthält, die in der Praxis ausgefüllt werden müssen. Hierüber kann im Einzelnen trefflich gestritten werden; oft sind mehrere Auffassungen vertretbar.

a) Wann ist QUID erforderlich? Gleich vorweg: QUID meint nicht einmal an- **194** nähernd eine Volldeklaration aller Zutaten mit der Angabe ihres mengenmäßigen Anteils. Anzugeben sind **in der Regel nur die Mengen charakteristischer Zutaten**, soweit die **Mengen für die Wahl des Verbrauchers ausschlaggebend** sind. Es ist dem Hersteller natürlich unbenommen, über das erforderliche Maß hinaus freiwillig Zutaten mit ihrem prozentualen Mengenanteil zu kennzeichnen.

In der Praxis ist dies nicht zu empfehlen: Zum einen werden damit unnötig viele Details der Rezeptur preisgegeben, zum anderen unterliegen Mengenangaben – auch wenn sie freiwillig erfolgen – der Nachprüfbarkeit durch die Behörden der amtlichen Lebensmittelüberwachung.

Wann QUID erforderlich ist, hat der Gesetzgeber in § 8 Abs. 1 Satz 1 LMKV in **195** einem **abschließenden Katalog** geregelt. Insofern wird auch von den „**QUID-Auslösern**" gesprochen. In einem zweiten Schritt ist stets zu prüfen, ob eine Ausnahme von der Pflicht zur Mengenkennzeichnung gemäß § 8 Abs. 2 LMKV eingreift.

aa) Auslöser 1 – Verkehrsbezeichnung. Eine verwendete **Zutat, Klasse** oder **196** vergleichbare **Gruppe von Zutaten** (Gattung von Zutaten) ist **in der Verkehrsbezeichnung** angegeben. Während Zutaten – entsprechend dem bereits erläuterten Zutatenbegriff (siehe oben, Rn. 150 ff.) – **Einzelzutaten oder zusammengesetzte Zutaten** sein können, sind mit den **Klassen von Zutaten** die in Anlage 1 zur LMKV genannten Klassen gemeint, die unter bestimmten Voraussetzungen anstelle einer Verkehrsbezeichnung angegeben werden können (z. B. Fisch, Fleisch, Käse etc.).

197

Beispiel:
Ein Produkt trägt die Verkehrsbezeichnung „Eintopf mit Nudeln und Hühnerfleisch". Hier sind zwei Zutaten in der Verkehrsbezeichnung ausdrücklich genannt, Nudeln und Hühnerfleisch. Nach § 8 Abs. 1 Nr. 1 LMKV wird damit grundsätzlich die Pflicht zur mengenmäßigen Kennzeichnung dieser Zutaten ausgelöst. Ob eine Ausnahme greift, ist in einem weiteren Schritt zu prüfen.

198   Dem Wortlaut der Vorschrift kann darüber hinaus entnommen werden, dass sich die Pflicht zur mengenmäßigen Kennzeichnung auf die Zutat (oder Klasse/Gruppe von Zutaten) bezieht, **wie sie in der Verkehrsbezeichnung angegeben wurde. Beispiel**: Bei einem als „Sahne-Heringsfilet" bezeichneten Produkt ist neben dem Anteil an Heringsfilet der Sahneanteil (am Gesamtprodukt) anzugeben.

199   Möchte der Hersteller die zahlenmäßig größere Menge der zusammengesetzten Zutat „Sahnesoße" angeben, kann er das Produkt mit einer entsprechenden Verkehrsbezeichnung versehen.

200

Beispiel:
Bei einem als „Heringsfilets in Sahnesoße" bezeichneten Produkt ist neben dem Anteil an Heringsfilet der Anteil der zusammengesetzten Zutat Sahnesoße am Gesamterzeugnis anzugeben. Die Angabe des Sahneanteils in der Sahnesoße ist hingegen nicht erforderlich: Schon nach dem Wortlaut ist die in der Verkehrsbezeichnung angegebene Zutat erfasst, nicht aber deren Bestandteile. Die freiwillige Angabe des Sahneanteils in der Sahnesoße ist möglich: *„Mit 30 % Sahnesoße, davon 5 % Sahne"*.

201   Besonders ist der **Begriff der Gattung von Zutaten** zu erwähnen, der mit dem Begriff der Klasse schon nach dem Wortlaut der Vorschrift nicht gleichgesetzt werden kann. Hier hat der Gesetzgeber die Möglichkeit geschaffen, neben den gesetzlich geregelten Klassen weitere Zutatengruppen zu bilden, die zum Zweck der Mengenkennzeichnung zusammengefasst werden können.

202

Beispiel:
Ein als „Gemüsesuppe" bezeichnetes Erzeugnis enthält 4 % Lauchgemüse, 8 % Karotten, 6 % Blumenkohl und 10 % Sellerie. Normalerweise müssten diese Zutaten einzeln in der Zutatenliste aufgeführt werden, denn es gilt der Grundsatz: Zutaten sind mit ihrer Verkehrsbezeichnung oder mit einem in

Anlage 1 zur LMKV geregelten Klassennamen anzugeben. Der Klassenname „Gemüse" existiert aber nicht. Hier eröffnet § 8 Abs. 1 Nr. 1 LMKV die Möglichkeit, eine Gruppe vergleichbarer Zutaten zu bilden und die Mengenkennzeichnung auf diese Gruppe von Zutaten zu beziehen; die Einzelzutaten sind im Anschluss freilich aufzuschlüsseln. Daher kann die Zutatenliste im Beispielsfall wie folgt gefasst werden: „28 % Gemüse (Sellerie, Karotten, Blumenkohl, Lauch)".

bb) Auslöser 2 – Andeutungen: Die Verkehrsbezeichnung **deutet darauf hin, dass das Lebensmittel die Zutat oder die Gattung von Zutaten enthält.** Der zweite Tatbestand des § 8 Abs. 1 LMKV regelt den Fall, dass die Verkehrsbezeichnung eines Lebensmittels normalerweise mit einer bestimmten Zutat in Verbindung gebracht wird. Das ist der Fall, wenn eine Zutat vom ganz überwiegenden Teil der Verbraucher als charakteristisch für das Produkt angesehen wird. Ganz entscheidend ist die Verkehrsauffassung zu dem jeweiligen Produkt, die den üblichen Quellen zu entnehmen ist (hierzu oben, Rn. 104 ff.). **203**

Beispiele: **204**
- Die Verkehrsbezeichnung „Jägersoße" deutet auf die Verwendung von Pilzen hin.
- Die Verkehrsbezeichnung „Frühlingssuppe" deutet auf die Verwendung von Gemüse hin; daher löst die Bezeichnung die Pflicht zur mengenmäßigen Kennzeichnung des Gemüseanteils aus.
- Die Verkehrsbezeichnung „Mayonnaise" deutet auf die Verwendung von pflanzlichem Öl hin.

cc) Auslöser 3 – Hervorhebungen: Eine Zutat oder Gattung von Zutaten wird auf dem Etikett **durch Worte, Bilder oder eine grafische Darstellung hervorgehoben.** Zu diesem Tatbestand ist zunächst darauf hinzuweisen, dass nicht jede Abbildung oder Darstellung schon eine Hervorhebung ist. Ein Foto des in der Verpackung enthaltenen Produkts, ggf. mit dem Hinweis „Serviervorschlag" versehen, ist noch keine Hervorhebung einzelner Zutaten. Allein oder im Zusammenhang mit der Verkehrsbezeichnung gemachte, zusätzliche Angaben über einzelne Zutaten sind in der Regel nur **Erläuterungen der Rezeptur,** aber keine Hervorhebung. Im Bereich der Fertiggerichte gilt dies vor allem für sog. „variable" Zutaten, unter denen Beilagen wie Reis, Nudeln oder Kartoffeln zusammengefasst werden. Der Hinweis auf diese Zutaten z. B. durch einen Störer ist grundsätzlich lediglich als Hinweis auf die unterschiedliche Ge- **205**

63

schmacksrichtung und Zusammensetzung zu verstehen; QUID ist in solchen Fällen nicht sinnvoll und nach dem Wortlaut der gesetzlichen Vorschrift auch nicht vorgeschrieben.

206

> **Beispiele:**
> - Ein Fertiggericht wird unter der Verkehrsbezeichnung „Hühnerfrikassee mit feinem Gemüse und Reis" in Verkehr gebracht. Am unteren Rand der Schauseite der Verpackung befindet sich – zusätzlich zu der prominent hervorgehobenen Angabe „Hühnerfrikassee" – ein kleines, farblich abgesetztes Feld mit dem Hinweis „mit feinem Gemüse und Reis". In diesem Fall ist es vertretbar, den ergänzenden Hinweis lediglich als Erläuterung der Rezeptur und nicht als Hervorhebung anzusehen. Da Gemüse und Reis aber gleichzeitig auch in der Verkehrsbezeichnung genannt werden, kommt es hier entscheidend auf die Ausnahmetatbestände des § 8 Abs. 2 LMKV an (hierzu Rn. 208 ff.).
> - Hinweise wie „mit guter Alpenmilch" oder „mit wertvollen Haselnüssen" sind hingegen klassische Fälle der Hervorhebung bestimmter Zutaten, die den Anwendungsbereich der QUID-Regelung eröffnen.

207   dd) **Auslöser 4 – Charakteristische Zutaten:** Eine Zutat oder Gattung von Zutaten ist für die **Charakterisierung und Unterscheidung des Lebensmittels** von anderen Lebensmitteln von Bedeutung („Verwechslungsgefahr"). Der vierte Auslöser der Mengenkennzeichnung muss in der Praxis nur in sehr seltenen Fällen bemüht werden, da eine Zutat, die für die Charakterisierung eines Lebensmittels von entscheidender Bedeutung ist, regelmäßig schon in der Verkehrsbezeichnung (oder außerhalb der Verkehrsbezeichnung, z. B. im Begleittext) genannt wird oder die Verkehrsbezeichnung zumindest auf die Verwendung dieser Zutat hindeutet.

208   b) **Ausnahmen von der Mengenkennzeichnung.** Wurde in einem ersten Schritt festgestellt, dass eine QUID-Angabe grundsätzlich erforderlich wäre, ist in einem zweiten Schritt sorgfältig zu prüfen, ob Ausnahmen von der Mengenkennzeichnung greifen. Da die gesetzlichen Ausnahmetatbestände recht unbestimmt formuliert sind, kommt es hierbei häufig zu Diskussionen zwischen Lebensmittelunternehmer und Behörden der amtlichen Lebensmittelüberwachung.

209   aa) **Ausnahme 1 – Abtropfgewicht.** Eine Mengenkennzeichnung ist gemäß § 8 Abs. 2 Nr. 1 a) LMKV nicht erforderlich bei Zutaten oder Zutatengattungen, deren **Abtropfgewicht** nach § 11 FPV angegeben ist. Dies ist bei Lebensmitteln erforderlich, die sich in einer **Aufgussflüssigkeit** befinden. Als solche gelten gemäß § 11 Abs. 2 FPV: Wasser, wässrige Salzlösungen, Salzlake, Genusssäure in wässriger Lösung, Essig, wässrige Zuckerlösungen, wässrige Lösungen von anderen Süßungsstoffen oder -mitteln sowie Frucht- und Gemüsesäfte bei Obst und Gemüse. Zu beachten ist, dass Pflanzenöl nicht als Aufgussflüssigkeit in diesem Sinne angesehen werden kann, auch wenn es häufig – z. B. bei Produkten wie Antipasti in Öl – abgegossen wird.

bb) Ausnahme 2 – Mengenangabe nach anderen Vorschriften. Zudem kann eine Mengenangabe nach § 8 Abs. 2 Nr. 1 b) LMKV dann entfallen, wenn sie **bereits durch andere Vorschriften vorgeschrieben** ist. Dabei spielt es keine Rolle, ob die Mengenangabe nach der anderen Vorschrift nach Gewichtshunderteilen oder nach dem Gewicht in Gramm erfolgen muss. Als Beispiel wird in der Literatur die Vorschrift des § 3 Abs. 2 Nr. 5 Konfitürenverordnung genannt, wonach der Fruchtgehalt in g pro 100 g angegeben werden muss. **210**

cc) Ausnahme 3 – Geringe Menge zur Geschmacksgebung. Die mengenmäßige Angabe einer Zutat ist nach § 8 Abs. 2 Nr. 1 c) LMKV dann nicht erforderlich, wenn diese **lediglich in geringer Menge zur Geschmacksgebung verwendet** wird. Wann von einer „geringen Menge" gesprochen werden kann, ist nicht eindeutig geregelt und nicht selten umstritten. Der Literatur kann entnommen werden, dass eine kleine Menge **regelmäßig bei einem Anteil unter 2 %** vorliegt und bei einem Anteil von über 5 % regelmäßig nicht mehr angenommen werden kann. Klassisches Beispiel für Zutaten, die regelmäßig in kleiner Menge zur Geschmacksgebung verwendet werden sind Kräuter, Gewürze und Aromen. **211**

Beispiele: **212**
- In der Verkehrsbezeichnung „Pfeffersoße" wird die Zutat Pfeffer ausdrücklich genannt; soweit sie aber nur in kleiner Menge zur Geschmacksgebung verwendet wird, kann eine prozentuale Mengenangabe entfallen.
- Eine Mengenkennzeichnung der Zutat „Mohn" kann bei „Mohnbrötchen" entfallen.
- Die Verkehrsbezeichnung „Chili con carne" deutet unter anderem auch auf die Verwendung von Chilipulver hin. Eine mengenmäßige Kennzeichnung des Chilipulvers ist aber dennoch nicht erforderlich, wenn lediglich eine geringe Menge zur Geschmacksgebung verwendet wurde. Ausnahmeweise kann eine Angabe aber doch erforderlich sein, wenn eine besondere Menge beworben wird: *„Jetzt mit noch mehr Chilipulver"*.

213   Nach hier vertretener Auffassung ist der Ausnahmetatbestand ausnahmslos auf alle Arten von Zutaten anzuwenden, solange die Verwendung zum Zweck der Geschmacksgebung im Vordergrund steht.

214   **Beispiel 1:**
Ein Fertiggericht wird unter der Bezeichnung „Kartoffelsnack mit Speck" in Verkehr gebracht. Es enthält angebratenen Speck in einem Anteil von 2 %. Auch in diesem Fall kann eine Mengenkennzeichnung in Bezug auf die Zutat Speck unterbleiben. Der Auffassung, wonach der Ausnahmetatbestand auf aus Verbrauchersicht besonders hochwertige Zutaten (als Beispiele werden häufig genannt: Eier, Fleisch, Milch) nicht anwendbar ist, kann in dieser Allgemeinheit nicht gefolgt werden; ebenso wenig kann die Hervorhebung einer Zutat in der Verkehrsbezeichnung als irreführend angesehen werden, wenn lediglich eine kleine Menge verwendet wurde: Auch kleine Mengen einer Zutat können dem Lebensmittel einen besonderen Geschmack oder eine besondere Note verleihen, so dass ein prominenter Hinweis auf diese Zutaten statthaft ist. Für eine geschmacksintensive Zutat wie angebratenen Speck gilt dies ganz besonders.

215   **Beispiel 2:**
Eine Suppe gehobener Qualität wird unter der Verkehrsbezeichnung „Wildconsommé mit Wildfleisch und Trüffelklößchen" in Verkehr gebracht. Ein Untersuchungsamt, dass eine Probe des Lebensmittels zu begutachten hat, ist der Auffassung, dass neben der (vorhandenen) QUID-Angabe zum Wildfleisch und der (vorhandenen) QUID-Angabe zu den Trüffelklößchen insgesamt zusätzlich auch eine Angabe zum Trüffelanteil im Klößchen erforderlich ist. Zur Begründung wird angeführt, dass die Zutat „Trüffel" aus Verbrauchersicht besonders hochwertig sei; daher bestehe ein besonderes Interesse an der Angabe. Dieser Auffassung ist nicht zu folgen: Wie schon dargestellt, bezieht sich die QUID-Angabe stets auf die (zusammengesetzte) Zutat, wie sie in der Verkehrsbezeichnung angegeben wird, also auf das Trüffelklößchen insgesamt. Selbst wenn man dieser Auffassung nicht folgen wollte, ist zu prüfen, ob die aromatische Zutat Trüffel nur in geringer Menge zur Geschmacksgebung eingesetzt wird.

216   dd) **Ausnahme 4 – Für die Kaufentscheidung nicht ausschlaggebend:** Eine Mengenangabe kann gemäß § 8 Abs. 2 Nr. 1 d) LMKV schließlich dann entfallen, wenn eine Zutat „obwohl sie in der Verkehrsbezeichnung aufgeführt wird" **für**

die Wahl des Verbrauchers nicht ausschlaggebend ist, weil unterschiedliche Mengen für die Charakterisierung des Lebensmittels nicht wesentlich sind oder es nicht von ähnlichen Lebensmittel unterscheiden. Es liegt auf der Hand, dass die Frage, was denn nun für die Wahl des Verbrauchers ausschlaggebend ist und was nicht, in der Praxis schwer zu klären ist. Die Unbestimmtheit des Kriteriums führt zu einer stetigen Ausweitung der Mengenkennzeichnung insgesamt: Es ist die Tendenz zu beobachten, dass Behörden der amtlichen Lebensmittelüberwachung – auch unter dem Druck selbsternannter Verbraucherschutzorganisationen – Mengenangaben im Zweifel eher als für die Wahl des Verbrauchers entscheidend ansehen. Viele Unternehmen scheuen Kosten, Dauer und den ungewissen Ausgang einer gerichtlichen Überprüfung und passen ihre Kennzeichnung entsprechend an.

Nach ihrem Wortlaut ist die Ausnahmevorschrift **nur dann anzuwenden, wenn die Zutat „in der Verkehrsbezeichnung" angegeben wird**. Umgekehrt muss die Anwendbarkeit der Ausnahme verneint werden, wenn die Zutat anderweitig hervorgehoben oder abgebildet wird. Es ist allerdings kaum denkbar, dass eine Zutat, deren Menge für die Wahl des Verbrauchers nicht ausschlaggebend oder für das Lebensmittel charakteristisch ist, auf der Verpackung durch Worte oder Abbildungen hervorgehoben wird. Insofern war eine Erweiterung des Ausnahmetatbestands auf diese Fälle auch nicht erforderlich (vgl. *Loosen*, ZLR 1998, S. 627, 640 f.). **217**

Für die Anwendung der Ausnahmevorschrift ist weiter zu beachten, dass gerade **die Menge der Zutat** für das Lebensmittel charakteristisch sein oder für die Wahl des Verbrauchers entscheidend sein muss. **218**

219

> **Beispiele**:
> - Bei Produkten wie „Hühnersuppe mit Reis" oder „Hühnersuppe mit Nudeln" kann davon ausgegangen werden, dass die verwendete Menge an Reis oder Nudeln für die Wahl des Verbrauchers nicht entscheidend ist, weil sie das Lebensmittel nicht charakterisiert; hierfür ist allein die Menge der verwendeten Huhnbestandteile interessant (vgl. hierzu *Preuß*, ZLR 2000, S. 310; *Radermacher*, QUID, S. 46).
> - Für die Wahl des Verbrauchers nicht ausschlaggebend ist nach der amtlichen Gesetzesbegründung die Menge der verwendeten Zutat Roggen bei einem Roggenbrot.

Ist in einer Klausur (oder im wirklichen Leben) zu prüfen, ob eine mengenmäßige Kennzeichnung einer oder mehrerer Zutaten erforderlich ist, darf
nicht bei der Erörterung des § 8 Abs. 1 LMKV stehen geblieben werden. Besonderes Augenmerk ist auf die QUID-Ausnahmen zu richten. Gerade bei
der Frage, ob die verwendete Menge einer Zutat für die Wahl des Verbrauchers
oder für die Charakterisierung des Lebensmittels entscheidend ist, sind oft
mehrere Auffassungen vertretbar – gefordert ist eine gute Argumentation.

220 c) **Art und Weise der Mengenkennzeichnung.** Die QUID-Angaben können auf
der Fertigpackung an verschiedenen Stellen gemacht werden. Der Lebensmittelunternehmer hat die Wahl zwischen der Angabe in der Verkehrsbezeichnung, in ihrer unmittelbaren Nähe oder im Zutatenverzeichnis bei der jeweiligen Zutat.

221 **Beispiele:**
- Angabe in der Verkehrsbezeichnung:
  „Roter Heringssalat mit 40 % Heringsfilet"
- Angabe in unmittelbarer Nähe der Verkehrsbezeichnung:
  „Roter Heringssalat
  mit 40 % Heringsfilet"
- Angabe im Zutatenverzeichnis:
  „Zutaten: **Heringsfilet ohne Haut 40 %**, pflanzliches Öl, Rote Bete 30 %,
  Zucker, Sahne, [...]."

222 Mehrere erforderliche QUID-Angaben können bei ein und demselben Produkt
auch an verschiedenen Stellen erfolgen. Zulässig ist es also beispielsweise, die
QUID-Angabe in Bezug auf die Zutat Hering in der Verkehrsbezeichnung zu
machen, weitere QUID-Angaben in der Zutatenliste. Der Übersichtlichkeit hal-
ber sollte dann aber auch die Angabe für Hering in der Zutatenliste wiederholt
werden.

223 Im Rahmen der QUID-Kennzeichnung ist die **Menge der Zutat in Gewichts-
hundertteilen zum Zeitpunkt ihrer Verarbeitung** anzugeben. Die Regelung ist
Ausdruck des sog. „mixing-bowl"-Prinzips: Maßgeblich ist der Zeitpunkt, zu
dem die Zutaten bei der Herstellung zusammengeführt/vermischt werden;
daher kann das Verwenden einer Zutat auch lange vor der Fertigstellung des
Lebensmittels liegen. Die Menge wird mithilfe der klassischen Prozentrech-
nung ermittelt und ist kaufmännisch auf eine volle Zahl zu runden; Nachkom-
mastellen müssen nicht aufgeführt werden (*Hagenmeyer*, § 8 LMKV, Rn. 26).

Abweichend von diesem Grundsatz bestehen in bestimmten Fällen **Ausnahmen** (§ 8 Abs. 4 Satz 3 LMKV); dabei geht es regelmäßig um Fälle, in denen während der Herstellung Feuchtigkeitsverluste auftreten. **224**
- Die Zusammensetzung bestimmter Lebensmittel wird durch eine Dehydratisierung der Zutaten im Zuge des Kochvorgangs oder sonstiger Behandlungen merklich geändert. Daher hat der europäische Gesetzgeber für diese Produkte eine Abweichung von der vorgeschriebenen Berechnungsweise für die Menge der Zutaten geschaffen, damit die **tatsächliche Zusammensetzung** des Lebensmittels besser kenntlich gemacht und der Verbraucher nicht irregeführt wird (vgl. die Erwägungsgründe der Richtlinie 1999/10/EG). Deshalb ist gemäß § 8 Abs. 4 Satz 3 Nr. 1 LMKV bei **Lebensmitteln, denen infolge einer Hitze- oder sonstigen Behandlung Feuchtigkeit entzogen wird,** die Menge der verwendeten Zutat nach ihrem Anteil bei der Verwendung, bezogen auf das Enderzeugnis anzugeben. Die Vorschrift kann nur dann angewendet werden, wenn das Lebensmittel als Ganzes der Behandlung unterzogen wurde, nicht nur die einzelne Zutat (*Hagenmeyer*, LMKV, § 8, Rn. 30). Falls die Menge der Zutat oder die in der Etikettierung anzugebende Gesamtmenge aller Zutaten **100 % übersteigt**, erfolgt die Angabe in Gewicht der für die Herstellung von 100 g des Enderzeugnisses verwendeten Zutat oder Zutaten.

> **Beispiel:** **225**
> Bei der Herstellung von Rindfleischsalami entsteht während des Räucherns ein Wasser- und damit ein Gewichtsverlust. Daher kann der Gewichtsanteil des verwendeten Rindfleischs bei der Mengenkennzeichnung auf den Zeitpunkt der Verwendung der Zutaten bezogen werden. Die in der Etikettierung anzugebende Gesamtmenge aller Zutaten würde dann aber 100 % übersteigen. Daher ist die Mengenkennzeichnung z. B. wie folgt zu formulieren: „100 g Salami werden aus 160 g Rindfleisch hergestellt."

- Die Vorschrift, wonach bei **flüchtigen Zutaten** der Gewichtsanteil am Enderzeugnis anzugeben ist (Mussvorschrift), hat in der Praxis keine Bedeutung, weil flüchtige Zutaten für den Verbraucher ohnehin nicht von Interesse sind. **226**
- Bei **konzentrierten und getrockneten Zutaten**, die während des Verarbeitungsprozesses „rekonstituiert" werden, kann **wahlweise** die Angabe des Gewichtsanteils vor der Trocknung oder Konzentration oder der Gewichtsanteil nach der Rekonstitution (Rückverdünnung) angegeben werden. Erforderlich ist aber, dass die Zutat im Laufe des Herstellungsvorgangs vollständig rück-

verdünnt wird, so dass sie im Enderzeugnis tatsächlich in ihrem ursprünglichen Zustand vorhanden ist. Ist eine Rückführung in den ursprünglichen Zustand gar nicht möglich, kann die Vorschrift nicht angewendet werden: So wird aus der Zutat Tomatenpulver nach Zugabe von Wasser keine Tomate mehr; anwendbar ist die Vorschrift hingegen z. B. auf getrocknete Obst- oder Gemüsestücke.

227   Gemäß § 8 Absatz 2 Nr. 3 LMKV ist eine Mengenangabe bei Hinweisen auf die **Zugabe von Vitaminen oder Mineralstoffen** nicht erforderlich, sofern für diese Stoffe eine Nährwertkennzeichnung erfolgt (dies wird regelmäßig der Fall sein, siehe hierzu unten, Rn. 231 ff.). Damit will der Gesetzgeber eine Doppelkennzeichnung vermeiden. Allerdings ist dieser Grundsatz nicht konsequent umgesetzt, so dass bei anderen Nährwertangaben als zu Vitaminen und Mineralstoffen eine Doppelkennzeichnung (einmal nach den Berechnungsregeln gemäß QUID und einmal nach den Regeln der NKV) erforderlich sein kann.

228   **11. Los-Kennzeichnung.** Ein **Produktionslos** ist gemäß § 1 Abs. 2 LKV die Gesamtheit von Verkaufseinheiten eines Lebensmittels, das unter praktisch gleichen Bedingungen erzeugt, hergestellt oder verpackt wird. Die genaue Festlegung des Produktionsloses obliegt dem Hersteller.

> Mit der Los-Kennzeichnung soll in Havarie- oder Schadensfällen eine bessere Eingrenzung der fehlerhaften Erzeugnisse vorgenommen werden können. Ist z. B. der Rückruf eines bestimmten Erzeugnisses wegen Glasbruchs im Produktionsbereich erforderlich, so kann die Identifizierung des Produktionsloses den wirtschaftlichen Schaden für das betroffene Unternehmen deutlich verringern. Auch bei der Einrichtung von **Rückverfolgbarkeitssystemen** kann der Los-Kennzeichnung eine wesentliche Bedeutung zukommen.

229   Die Los-Nummer selbst kann verschlüsselt oder unverschlüsselt sein und besteht aus alphanumerischen Zeichen. Ihr ist der **Buchstabe L voranzustellen**, sofern sie sich nicht deutlich von anderen Angaben der Kennzeichnung unterscheidet (§ 1 Abs. 1 LKV). **Beispiel:** L MM 290803 W.

230   Wird bei einem Lebensmittel das **MHD mindestens nach Tag und Monat** angegeben, so ist eine Los-Kennzeichnung nicht erforderlich, denn in diesem Fällen erlaubt bereits das MHD eine ausreichende Eingrenzung der betroffenen Erzeugnisse. Dies gilt aber **nicht für TK-Erzeugnisse**, die stets eine zusätzliche Los-Kennzeichnung aufweisen müssen.

→ Weiterführende Informationen:

3. Kapitel   **I. 12.: Kennzeichnungsregelungen für gentechnisch veränderte Lebensmittel oder Zutaten aus gentechnisch veränderten Lebensmitteln**

3. Kapitel   **I. 13.: Kennzeichnungsregelungen für Bio-Lebensmittel**

3. Kapitel   **II.: Kennzeichnung bei der Abgabe an Weiterverarbeiter und**

3. Kapitel   **III.: Abgabe loser Ware in Gaststätten/Restaurants/Einrichtungen zur Gemeinschaftsverpflegung**

IV. Nährwertkennzeichnung und GDA-Angaben

1. Einführung in die Nährwertkennzeichnung. Wird im Rahmen von Verbraucherbefragungen der Versuch unternommen, herauszufinden, welche Angaben auf Fertigpackungen besonders wichtig sind, so wird neben der Angabe des MHD stets die Nährwertkennzeichnung genannt. Tatsächlich wird seit einiger Zeit intensiv darüber beraten, wie die Nährwertkennzeichnung künftig gestaltet werden soll. Auch über neue Kennzeichnungselemente wie etwa die „Lebensmittel-Ampel", bei der bestimmte Farben einen hohen, durchschnittlichen oder niedrigen Energiegehalt oder Gehalt an Nährstoffen signalisieren sollen, wird kontrovers diskutiert. Im Rahmen der geplanten Neuregelung des Lebensmittelkennzeichnungsrechts hat die Europäische Kommission einen Verordnungsvorschlag vorgelegt, nach dem eine Nährwertkennzeichnung – anders als bisher – verpflichtend vorgeschrieben werden soll. Auf die geplanten Änderungen wird in einem eigenen Kapitel eingegangen (s. Rn. 64). Der nachfolgende Abschnitt bezieht sich allein auf die derzeit noch geltende Rechtslage, die uns – selbst wenn sich die gesetzlichen Rahmenbedingungen in Kürze ändern sollten – für einen mehrjährigen Übergangszeitraum erhalten bleiben dürfte. **231**

Die Nährwertkennzeichnung ist auf europäischer Ebene durch die **Nährwertkennzeichnungsrichtlinie** (Richtlinie 90/496/EWG) geregelt, die in Deutschland mit dem Erlass der **Nährwertkennzeichnungsverordnung** (Verordnung über nährwertbezogene Angaben bei Lebensmitteln und die Nährwertkennzeichnung von Lebensmitteln – NKV) in nationales Recht umgesetzt wurde. Sie beruht auf einem **optionell-obligatorischen System**: Lebensmittel dürfen grundsätzlich ohne jede Nährwertkennzeichnung in den Verkehr gebracht werden. Ausnahme: Das Lebensmittel wird – auf der Verpackung oder in der Werbung – mit einer nährwertbezogenen Angabe beworben. **232**

→ Gesetzestext NKV

233   Eine **nährwertbezogene Angabe** ist gemäß § 2 Nr. 1 NKV **jede im Verkehr mit Lebensmitteln oder in der Werbung für Lebensmittel erscheinende Darstellung oder Aussage, mit der erklärt, suggeriert oder mittelbar zum Ausdruck gebracht wird, dass ein Lebensmittel auf Grund seines Energiegehaltes oder Nährstoffgehaltes besondere Nährwerteigenschaften besitzt.** Klassische Beispiele für nährwertbezogene Angaben sind „fettarm", „light", „reich an Vitamin C" etc. Solche nährwertbezogenen Angaben lösen die Pflicht aus, eine Nährwertkennzeichnung in der gesetzlich vorgeschriebenen Form vorzunehmen. Dies ist nur dann nicht der Fall, wenn die Angaben im Zuge so genannter **produktübergreifender Kampagnen** verwendet werden. Dies trifft z. B. auf die Werbung für Jodsalz zu.

234   Bereits an dieser Stelle ist darauf hinzuweisen, dass die NKV nicht isoliert betrachtet werden kann. Mit der **Verordnung (EG) Nr. 1924/2006 über nährwert- und gesundheitsbezogene Angaben (Claims-Verordnung)** hat der europäische Gesetzgeber ein umfassendes – und äußerst umstrittenes – Regelungswerk geschaffen, das die Zulässigkeit nährwert- und gesundheitsbezogener Angaben regelt. Will man die Anwendungsbereiche beider Gesetze voneinander unterscheiden, so kann folgende Grundregel angewendet werden:

- Die **Claims-Verordnung** regelt die Frage, unter welchen Voraussetzungen ein Lebensmittel mit einer bestimmten nährwert- oder gesundheitsbezogenen Angabe (z. B. „fettarm") beworben werden darf. Sie regelt nicht die Art und Weise der Nährwertkennzeichnung im Einzelnen, macht aber Vorgaben in Bezug auf den Umfang der Nährwertkennzeichnung. **Beispiel:** Werden gesundheitsbezogene Aussagen gemacht, sind grundsätzlich die sog. „Big 8" zu kennzeichnen, Art. 7 Satz 2 Claims-Verordnung. Da die Claims-Verordnung letztlich dem Bereich der werblichen Aussagen über Lebensmittel zuzurechnen ist, wird sie im entsprechenden Kapitel gesondert betrachtet (siehe unten, Rn. 422 ff.).
- Die **NKV** regelt vor allem das „Wie" der Nährwertkennzeichnung; sie enthält Vorgaben zur Ermittlung des Nährstoffgehalts und zur Gestaltung der Nährwerttabelle. Daneben regelt sie, in welchem Umfang die Nährwertkennzeichnung erfolgen muss („Big 4" oder „Big 8").

235   Die in der NKV geregelte Nährwertkennzeichnung legt den **Inhalt der vorgeschriebenen Nährwertdeklaration** in der Etikettierung fest. Die Angaben sind grundsätzlich auf **100 Gramm/100 Milliliter** des jeweiligen Erzeugnisses zu beziehen, in einer Tabelle zusammenzufassen und untereinander aufzuführen. Die Tabellenform ist zwingend einzuhalten; nur wenn dies aus Platzgründen nicht möglich ist, dürften die Angaben auch hintereinander gemacht werden,

§ 5 Abs. 1 Satz 2 NKV. Sofern das Lebensmittel erst noch vom Verbraucher zubereitet werden muss, kann sich die Nährwertdeklaration auch auf das zubereitete Produkt beziehen. Voraussetzung ist aber, dass ausreichend genaue Angaben über die Zubereitung gemacht werden.

Grundsätzlich umfasst die Nährwertkennzeichnung die Angabe der „**Big 4**"; die Reihenfolge der Angabe ist zwingend vorgeschrieben:
- Brennwert (in kJ und kcal)
- Eiweiß (in g)
- Kohlenhydrate (in g)
- Fett (in g).

236

Beziehen sich nährwertbezogene Angaben auf **Zucker, gesättigte Fettsäuren, Ballaststoffe, Natrium oder Kochsalz,** dann muss eine **erweiterte Nährwertkennzeichnung** („**Big 8**") vorgenommen werden. Diese umfasst die folgenden Angaben in der genannten Reihenfolge:
- Brennwert (in kJ und kcal)
- Eiweiß (in g)
- Kohlenhydrate (in g)
- Zucker
- Fett (in g)
- Gesättigte Fettsäuren (in g)
- Ballaststoffe (in g)
- Natrium (in g)

237

> **Beispiel 1:**
> Ein Lebensmittel wird mit der Aussage „fettarm" beworben. Da es sich dabei um eine Aussage handelt, die erklärt, dass das Lebensmittel auf Grund seines Nährstoffgehaltes besondere Nährwerteigenschaften besitzt, handelt es sich um eine nährwertbezogene Angabe, die eine verpflichtende Nährwertkennzeichnung auslöst. Deren Umfang richtet sich gemäß § 4 Abs. 1 NKV; es sind die Big 4 anzugeben.

238

> **Beispiel 2:**
> Ein Lebensmittel wird mit der nährwertbezogenen Aussage „zuckerfrei" beworben. Da sich die Angabe auf Zucker bezieht, sind die Big 8 anzugeben.

239

Gemäß § 4 Abs. 2 NKV darf die Nährwertkennzeichnung zusätzlich zu den Angaben nach Absatz 1 den Gehalt an
- Stärke,

240

- mehrwertigen Alkoholen,
- einfach ungesättigten Fettsäuren,
- mehrfach ungesättigten Fettsäuren,
- Cholesterin oder
- den in Anlage 1 der NKV aufgeführten und gemäß den dort angegebenen Werten in signifikanten Mengen vorhandenen Vitaminen und Mineralstoffen umfassen.

241

> **Beispiel 3:**
> Ein Lebensmittel wird mit der Aussage „light weil kalorienreduziert" beworben. Zusätzlich möchte der Lebensmittelhersteller (nur) den Gehalt an Cholesterin in der Nährwerttabelle angeben. Ist dies zulässig?
> Die Aussage „light" löst lediglich die Kennzeichnung der Big 4 aus. Da die bloße Angabe von Ballaststoffen in der Nährwerttabelle keine „nährwertbezogene Angabe" darstellt, löst sie nicht die erweiterte Nährwertkennzeichnung (Big 8) aus. Dies folgt aus dem Wortlaut des § 4 Abs. 2 NKV, wonach „die Nährwertkennzeichnung" zusätzlich zur Angabe der Big 4/Big 8 unter anderem den Gehalt an Cholesterin enthalten darf. Zu beachten ist aber, dass bei der Angabe des Gehaltes an Cholesterin zusätzlich der Gehalt an gesättigten Fettsäuren anzugeben ist (§ 4 Abs. 3 Satz 2 NKV). Im Ergebnis enthält die Nährwerttabelle im Beispiel also sechs Angaben, die Big 4 sowie Angaben zu Cholesterin und gesättigten Fettsäuren.

242   **2. Die konkrete Ermittlung des Brennwertes und des Nährstoffgehalts.** Die konkrete Ermittlung des Brennwertes und des Nährstoffgehalts eines Lebensmittels bereitet in der Praxis häufig Schwierigkeiten und ist Gegenstand von Beanstandungen. Zudem bestehen häufig unterschiedliche Auffassungen zur Frage, ob Nährwertangaben durch regelmäßige Nährwertanalysen verifiziert werden müssen. Daher soll im Folgenden auf die gesetzlichen Vorgaben näher eingegangen werden.

243   Der gesamte Bereich der Nährwertkennzeichnung ist vom Begriff des „**durchschnittlichen Gehalts**" geprägt. Er ist in § 2 Nr. 11 NKV definiert als der Wert oder der Gehalt, der die in einem bestimmten Lebensmittel enthaltenen Nährstoffmengen am besten repräsentiert und jahreszeitlich bedingte Unterschiede, Verbrauchsmuster und sonstige Faktoren berücksichtigt, die eine Veränderung des tatsächlichen Wertes bewirken können. Gemäß § 5 Abs. 3 NKV hat dann auch die Angabe des Brennwertes und des Gehaltes an Nährstoffen oder Nährstoffbestandteilen jeweils mit dem durchschnittlichen Wert oder Gehalt zu erfolgen.

Bereits der Begriff „repräsentiert" (§ 2 Nr. 11 NKV) bedeutet nach dem allgemeinen Sprachgebrauch, dass es nicht auf den durchschnittlichen *tatsächlichen* Gehalt ankommt, sondern auf einen davon unabhängigen, ermittelten Gehalt (*Zipfel/Rathke*, Lebensmittelrecht, C 22, § 2, Rn. 56). Dies wird darüber hinaus durch die Erwähnung jahreszeitlich bedingter Unterschiede unterstrichen. Gerade bei pflanzlichen Lebensmitteln spielen auch Faktoren wie Anbaubedingungen oder die Zeitdauer der Lagerung eine entscheidende Rolle. Es ist daher folgerichtig, dass die **Ermittlung der Nährwerte losgelöst vom tatsächlichen Gehalt** erfolgt. **244**

Die NKV enthält keine Regelung über die Ermittlung der Durchschnittswerte. Allerdings bestimmt die EU-Nährwertkennzeichnungsrichtlinie, dass die Durchschnittswerte je nach Fall beruhen auf **245**

- der Lebensmittelanalyse der Hersteller;
- der Berechnung auf der Grundlage der bekannten tatsächlichen oder durchschnittlichen Werte der verwendeten Zutaten;
- der Berechnung auf der Grundlage von generell nachgewiesenen und akzeptierten Daten.

Die Regelung wurde nicht in deutsches Recht umgesetzt; der Rechtsunterworfene kann sich indes auch ohne Umsetzung auf die Regelung berufen (Zipfel/ Rathke, Lebensmittelrecht, C 22, Rn. 62). In der Praxis hat dies dazu geführt, dass die Lebensmittelunternehmen eine **Berechnung auf der Grundlage der bekannten tatsächlichen oder durchschnittlichen Werte der Zutaten oder auf der Grundlage von generell nachgewiesenen und akzeptierten Daten** vornehmen. Hierzu wird in der Regel auf bekannte Nährwerttabellen oder den Bundeslebensmittelschlüssel zurückgegriffen. Der Rückgriff auf diese anerkannten Hilfsmittel hat für den Verbraucher den Vorteil, dass Nährwertangaben bei produkt- oder markenübergreifender Betrachtung eine gewisse Vergleichbarkeit aufweisen. **246**

Auditoren haben die Pflicht und das Recht, die Fakten nachzuprüfen und sich zu vergewissern, dass alle Daten sachgerecht ermittelt und ggf. verifiziert wurden. Dabei sind **Analyse und Berechnung grundsätzlich gleichwertig**. Die Ermittlung der Nährwertdaten wird dadurch erschwert, dass Hersteller bei der Berechnung häufig darauf angewiesen sind, auf die vom jeweiligen Lieferanten zur Verfügung gestellten Daten zurückzugreifen. Daher sollte wenigstens bekannt sein, auf welcher Grundlage (Schätzung, Berechnung, eigene Analyse) der Lieferant die Daten ermittelt hat.

247 Für die Entscheidung, ob eigene Analysen erforderlich sind oder nicht, ist auch die Relevanz des Rohstoffes/der Zutat im Enderzeugnis zu beachten. Dies gilt insbesondere für Zutaten, die nur in geringem Umfang eingesetzt werden und für die Energie-/Nährstoffbilanz des Lebensmittels keine oder nur eine sehr untergeordnete Rolle spielen. Im Übrigen ist es nicht Aufgabe des Lebensmittelunternehmers, die in den anerkannten Tabellenwerken enthaltenen Daten zu verifizieren. In Bezug auf die **Toleranzen für Nährstoffschwankungen bei der Nährwertkennzeichnung** wird mangels einer gesetzlichen Regelung regelmäßig auf die Stellungnahme der „Arbeitsgruppe Fragen der Ernährung" der Gesellschaft deutscher Chemiker (GDCh) (Lebensmittelchemie 2009, S. 98) zurückgegriffen.

→ Stellungnahme der GDCh zu Toleranzen für Nährstoffschwankungen bei der Nährwertkennzeichnung.

248 Allerdings: Auch bei einer Überschreitung der von der GDCh vorgeschlagenen Toleranzen dürfte in der Regel **kein Beanstandungsgrund** vorliegen. Da die anzugebenden Werte aus Analysen des Herstellers oder bekannten Daten zu berechnen sind, kann nur überprüft werden, ob die Analysen oder sonstigen Ableitungen richtig vorgenommen wurden; eine nachträgliche analytische Überprüfung, ob der in dem Lebensmittel tatsächlich festgestellte Nährstoffgehalt der Kennzeichnung entspricht, kommt nicht in Betracht (*Zipfel/Rathke*, Lebensmittelrecht, C 118, § 2, Rn. 68).

249 **3. Nährwertkennzeichnung pro Portion.** Auf „eine Portion" bezogene Nährwertangaben sind in den letzten Jahren einerseits populär geworden; andererseits häuft sich die Kritik an „unrealistischen" Portionsgrößen, die Verbraucher über den tatsächlichen Brennwert und Gehalt an Nährstoffen täuschen können. Gleichwohl wird sich die Nährwertkennzeichnung pro Portion zunehmend durchsetzen: Die Angabe pro 100 g/ml eignet sich zwar hervorragend dazu, mehrere Produkte miteinander zu vergleichen; sie stößt aber an Grenzen, wenn es darum geht, zügig (und ohne Dreisatz) die bei einem Verzehrvorgang aufgenommenen Kalorien und Nährstoffe abzuschätzen, vor allem bei Lebensmitteln, die man üblicherweise in deutlich kleineren Mengen zu sich nimmt.

250 Nicht erst seit der europäische Dachverband der Lebensmittelindustrie CIAA eine zusätzliche, auf die Portion bezogene Nährwertkennzeichnung empfohlen hat, sind entsprechende Angaben häufig anzutreffen: Die NKV sieht die freiwillige Angabe einer auf die Portion bezogenen Nährwertkennzeichnung ausdrücklich vor. § 5 Abs. 2 Satz 2 NKV lautet:

> „Zusätzlich (Anmerkung: zur Angabe pro 100 g) können die Angaben je Portion erfolgen, die mengenmäßig auf dem Etikett festgelegt ist, oder je Portion, sofern die Anzahl der in der Verpackung enthaltenen Portionen angegeben ist."

Der **Begriff der Portion** wird in der lebensmittelrechtlichen Literatur als Menge **251** eines Lebensmittels definiert, die auf einmal verzehrt werden soll (nach Angabe des Herstellers bei diätetischen Lebensmitteln, *Zipfel/Rathke*, Lebensmittelrecht, C 140, § 19, Rn. 32) oder von der erwartet werden kann, dass sie üblicherweise im Rahmen einer Mahlzeit verzehrt wird. In der Praxis haben sich innerhalb der Branchen Auffassungen zu üblichen Portionsgrößen herausgebildet, die teilweise auch in Branchenvereinbarungen wie der *Richtlinie zur Beurteilung von Suppen und Soßen* festgehalten sind (Beispiel: 1 Teller Suppe = 250 ml). Gleichwohl sind Abweichungen – etwa bedingt durch die Packungsgröße oder andere Gepflogenheiten z. B. im Großverbraucherbereich – möglich. Auch andere Branchenvereinigungen der Lebensmittelindustrie haben mit ihren Mitgliedsunternehmen versucht, übliche Portionsgrößen zu bestimmen. Naturgemäß fällt dies leichter, wenn ein Lebensmittel stückweise verzehrt wird (z. B. Bonbons); in solchen Fällen spricht nichts dagegen, die Portion mit „einem Stück" gleichzusetzen. Auch wenn Kritiker häufig bemängeln, in der Regel werde mehr als nur ein Stück verzehrt – im Deutschland des Jahres 2010 wird man dem Verbraucher noch eine simple Addition zumuten dürfen, ohne sich dem Vorwurf der Irreführung auszusetzen.

Gesetzliche Vorgaben für Portionsgrößen bestehen prinzipiell nicht; es gilt al- **252** lein das aus § 11 LFGB folgende Gebot, dass Portionsgrößen nicht irreführend sein dürfen. Hersteller legen die Portionsgröße für ihr Produkt eigenverantwortlich fest und stehen dabei vor allem bei Fertigpackungen mit Schüttgut (z. B. Müsli) oder bei Fertiggerichten vor einigen Schwierigkeiten. „Die Müslischale" gibt es nicht, und die Größe einer Portion dürfte variieren, je nachdem, welchen Verbraucher man hierzu befragt. Allen Beteiligten sollte klar sein, dass Portionsangaben stets **Orientierungswerte** darstellen – mehr kann eine Portionsangabe nicht leisten, und mehr darf von ihr auch vonseiten der Verbraucher, der Lebensmittelüberwachung und der Politik nicht erwartet werden.

Der Gefahr **einer Irreführung durch die Angabe einer vom „Üblichen" abwei-** **253** **chenden Portionsgröße** steht entgegen, dass mit der verpflichtenden, auf 100 g/ml bezogenen Angabe ein objektiver Vergleichsmaßstab für den Verbraucher vorhanden ist. Für den Verbraucher hilfreich ist es in jedem Fall, die Portionsangabe – wo dies möglich ist – zusätzlich in Haushaltsgrößen anzugeben: *„1 Teller Suppe (250 ml) enthält:", „1 Teelöffel Senf (15 ml) enthält:"*.

254   **4. GDA – Richtwerte für die Tageszufuhr.** Der Begriff GDA (= Guideline Daily Amounts) wird auf der Internetseite der CIAA mit „Richtwert für die Tageszufuhr" übersetzt. Mittels GDA soll der Verbraucher einschätzen können, **wie viel Prozent seines Tagesbedarfs** an einem Nährstoff/Energie er **mit einer Portion eines Lebensmittels zu sich nimmt.** Da es „den Verbraucher" nicht gibt, sind GDA nicht als individuelle Empfehlungen zu verstehen sondern als Orientierungswert. Innerhalb der CIAA hat eine Arbeitsgruppe Richtwerte für die tägliche Aufnahmemenge herausgearbeitet. Das Ergebnis der Arbeitsgruppe – auf dem die Angabe von GDA auf der Verpackung beruhen soll – ist in der nachfolgenden Tabelle dargestellt:

255   **CIAA agreed Reference values for GDAs (Guideline Daily Amounts)**

Nährstoff/Brennwert	Von der CIAA empfohlene GDA für Frauen	Von der CIAA empfohlene GDA für Männer
Energie	2000 kcal	2500 kcal
Eiweiß	50 g	60 g
Kohlenhydrate	270 g	340 g
Fett	70 g	80 g
Gesättigte Fette	20 g	30
Ballaststoffe	25 g	25 g
Natrium (Salz)	2,4 g (6 g)	2–4 g (6 g)
Zucker*	90 g	110 g

* In der Arbeitsgruppe mehrheitlich angenommener Wert.

256   Auf Lebensmittelverpackungen hat es sich durchgesetzt, bei der Angabe von GDA die für Frauen empfohlenen Richtwerte zu Grunde zu legen.

257   Ein Lebensmittelunternehmer ist in seiner Entscheidung darüber frei, ob er sein Produkt mit einer GDA-Kennzeichnung versehen will. Es handelt sich – jedenfalls im Augenblick – um ein **freiwilliges Kennzeichnungsmodell**, das von der Politik allerdings bereits in den Entwurf der EU-Verordnung über die Information der Verbraucher über Lebensmittel als verpflichtendes Element integriert wurde (s. hierzu ⊙ Rn. 164; im Entwurf wird die GDA-Kennzeichnung aber unverständlicherweise auf 100 g/ml anstatt auf eine Portion des Lebensmittels bezogen). Ob und wie die GDA-Kennzeichnung auf eine gesetzliche Basis gestellt werden wird, kann derzeit noch nicht abgesehen werden. Unternehmen, die sich unabhängig von der politischen Entwicklung mit dem Thema GDA auseinandersetzen möchten, finden auf der entsprechenden Internetseite der CIAA umfangreiche Informationen: http://gda.ciaa.eu

4. Kapitel **Stoffrecht**

Zusatzstoffe, Enzyme und Aromen spielen bei der Herstellung von Lebensmitteln eine wichtige Rolle. Während die Verwendung von Zusatzstoffen und Enzymen rein technologische Hintergründe hat, kann mit der Verwendung von Aromen einem Lebensmittel ein bestimmtes geschmackliches Profil verliehen werden, das den Erwartungen des Verbrauchers entspricht. Die Verwendung von Zusatzstoffen und Aromen war bereits seit geraumer Zeit sowohl auf nationaler als auch auf europäischer Ebene reglementiert; Enzyme hingegen führten in lebensmittelrechtlicher Sicht lange Zeit ein Schattendasein, obwohl sie schon seit Jahrtausenden bei der Lebensmittelgewinnung zum Einsatz kommen (z. B. Lab bei der Käseherstellung). **258**

Die Europäische Kommission hatte bereits 1999 in ihrem Weißbuch über Lebensmittelsicherheit angekündigt, die Gemeinschaftsvorschriften über Zusatzstoffe zu aktualisieren und zu vereinfachen. Dabei sollte die EFSA in das Zulassungsverfahren einbezogen werden und im Lichte aktueller wissenschaftlicher Erkenntnisse eine neue Sicherheitsbewertung der bereits zugelassenen Zusatzstoffe durchführen. Während der Beratungen zeichnete sich ab, dass auch eine Überarbeitung oder Neuregelung der Bereiche Aromen und Enzyme sinnvoll wäre. Dies galt vor allem für den Bereich der Enzyme, der in der EU nicht vollständig harmonisiert war und je nach Mitgliedstaat sehr unterschiedlich gehandhabt wurde. **259**

Am Ende des politischen Beratungsprozesses stand ein „Verordnungspaket" zu Lebensmittelzusatzstoffen, -aromen, -enzymen sowie zu Verfahrensangelegenheiten, das auch als „**Food Improvement Agents Package**" (FIAP) bezeichnet wird. **260**

Das FIAP besteht aus vier Verordnungen: **261**
- Verordnung (EG) Nr. 1331/2008 des Europäischen Parlaments und des Rates vom 16. Dezember 2008 zur Festlegung eines einheitlichen Zulassungsverfahrens für Lebensmittelzusatzstoffe, -enzyme und -aromen ⊙;
- Verordnung (EG) Nr. 1332/2008 des Europäischen Parlaments und des Rates vom 16. Dezember 2008 über Lebensmittelenzyme ⊙;
- Verordnung (EG) Nr. 1333/2008 des Europäischen Parlaments und des Rates vom 16. Dezember 2008 über Lebensmittelzusatzstoffe ⊙;

- Verordnung (EG) Nr. 1334/2008 des Europäischen Parlaments und des Rates vom 16. Dezember 2008 über Aromen und bestimmte Lebensmittelzutaten mit Aromaeigenschaften zur Verwendung in und auf Lebensmitteln ⊙.

262 Die Verordnungen traten am 20. Januar 2009 in Kraft und haben die bisher geltenden nationalen Rechtsvorschriften verdrängt. Allerdings fehlt es noch an den praktisch wichtigen Anhängen der Verordnungen, die die **Gemeinschaftslisten** mit zugelassenen Zusatzstoffen, Aromen und Enzymen enthalten. Im Bereich der Zusatzstoffe sind daher die nationale ZZulV sowie die ZVerkV nach wie vor von großer praktischer Bedeutung.

I.   Lebensmittelzusatzstoffe

263 Regelungen über Zusatzstoffe sind in Deutschland insbesondere in der ZZulV und in der ZVerkV geregelt. Beide Verordnungen gelten nach wie vor weiter und haben eine wichtige praktische Bedeutung, denn bis zur Veröffentlichung der **Gemeinschaftslisten** mit zugelassenen Zusatzstoffen bleiben die Anlagen der ZZulV sowie der ZVerkV die wichtigste Informationsquelle über zugelassene Stoffe und geltende Höchstmengen.

264 Die neue EU-Zusatzstoffverordnung regelt nicht nur die Verwendung von Zusatzstoffen in Lebensmitteln, sondern auch die **Verwendung von Zusatzstoffen in Zusatzstoffen, Aromen und Enzymen**. Daneben soll ein hohes Schutzniveau für die Gesundheit der Menschen und die Interessen der Verbraucher gewährleistet werden. Hierzu sieht die Verordnung drei zentrale Regelungsbereiche vor:

- Gemeinschaftslisten für Zusatzstoffe;
- Bedingungen für die Verwendung von Zusatzstoffen;
- Kennzeichnungsregeln für Zusatzstoffe, die als solche an Hersteller oder Endverbraucher verkauft werden.

265 Die **Kennzeichnung von Zusatzstoffen in Lebensmitteln, die in Fertigpackungen an den Verbraucher abgegeben werden**, wird von der EU-Zusatzstoffverordnung nur teilweise geregelt (enthalten sind Vorschriften für die unmittelbare Abgabe von Zusatzstoffen an Endverbraucher in Art. 23, sowie Vorschriften über die Angabe eines Warnhinweises bei der Verwendung bestimmter Farbstoffe, Art. 24 i. V. m. Anhang V). Die Kennzeichnung für Zusatzstoffe, die in Lebensmitteln in Fertigpackungen eingesetzt werden, richtet sich in Deutschland im Wesentlichen nach wie vor nach den allgemeinen Kennzeichnungsbestimmungen der LMKV (dort insbesondere § 6 Abs. 4 Nr. 2, hierzu oben, Rn. 170).

1. Begriffsbestimmungen. – a) Der Zusatzstoffbegriff. Lebensmittelzusatz- **266**
stoffe sind in Art. 3 Abs. 2 a) definiert. Danach ist ein Lebensmittelzusatzstoff
ein **Stoff mit oder ohne Nährwert**, der in der Regel **weder selbst als Lebensmittel
verzehrt noch als charakteristische Lebensmittelzutat verwendet** wird und bei
einem Lebensmittel **aus technologischen Gründen bei der Herstellung**, Verar-
**beitung, Zubereitung, Behandlung, Verpackung, Beförderung oder Lagerung
zugesetzt** wird und dadurch selbst oder seine Nebenprodukte mittelbar oder
unmittelbar **zu einem Bestandteil des Lebensmittels wird** oder werden kann.

Der **Begriff „Stoff"** ist dabei in einem denkbar weiten Sinn zu interpretieren; er **267**
erfasst neben chemischen Verbindungen auch Stoffgemische. Natürliche Bestandteile eines Lebensmittels, die sich noch im natürlichen Verbund befinden,
sind allerdings keine Stoffe in diesem Sinn.

> **Beispiel:** **268**
> Paprikapulver ist kein „Stoff" im Sinne des Zusatzstoffrechts. Werden aus
> dem Paprikapulver die Farbpigmente extrahiert, sind diese hingegen als
> Stoff im Sinne des Zusatzstoffrechts anzusehen.

Das Beispiel verdeutlicht, dass es in der Praxis häufig darauf ankommt, Lebens- **269**
mittel, die eine technologische Wirkung (z. B. eine färbende Wirkung) haben,
von den Zusatzstoffen abzugrenzen. Es ist daher ein wesentliches Merkmal der
Zusatzstoffe, dass sie **nicht selbst als Lebensmittel verzehrt** werden. Maßgeblich ist die allgemeine Verkehrsauffassung. Klassische Beispiele für Stoffe, die
auch aus technologischen Gründen als Zutat verwendet werden können, sind
- Salz (konservierend);
- Rote Bete (färbend);
- Honig (süßend).

Wesentlich für den Charakter eines Zusatzstoffes ist seine **technologische Wir-** **270**
kung. Mögliche technologische Wirkungen sind im Verzeichnis der **Funktionsklassen** aufgeführt (Anhang I der EU-Zusatzstoffverordnung, hierzu unten,
Rn. 280). Ob ein Stoff aus technologischen Gründen verwendet wird, richtet
sich nach der Zweckbestimmung des Verwenders. Dies macht die Abgrenzung
in solchen Fällen schwierig, in denen ein Stoff sowohl wegen seiner technologischen als auch seiner ernährungsphysiologischen Wirkung verwendet wird
(oder werden kann). Hier muss im Einzelfall entschieden werden, welches die
Hauptfunktion des Stoffes im Lebensmittel ist. Sofern die technologische
Wirkung die Hauptfunktion ist, ist der Stoff als Zusatzstoff zu bewerten, an-

dernfalls nicht. Der Lebensmittelunternehmer sollte im Streitfall belegen und dokumentieren können, dass die eingesetzte Menge des Stoffes tatsächlich die behauptete technologische/ernährungsphysiologische Wirkung entfalten kann.

271 **Beispiel:**
Ob der Stoff Ascorbinsäure aufgrund seiner technologischen Wirkung als Zusatzstoff (Antioxidationsmittel) oder aufgrund seiner ernährungsphysiologischen Eigenschaften als Vitamin C verwendet wird, ist vom Lebensmittelunternehmer zu entscheiden und ggf. darzulegen.

272 Eine Reihe von Stoffen „gilt" nicht als Zusatzstoff, da diese Stoffe vom Gesetzgeber aus verschiedenen Gründen aus dem Geltungsbereich der Zusatzstoffverordnung ausgenommen wurden (vgl. Art. 3 Abs. 2 der EU-Zusatzstoffverordnung); dies gilt unabhängig davon, ob der Stoff im Einzelfall eine technologische Wirkung hat oder nicht. Die ausgenommenen Stoffe sind:

- Monosaccharide, Disaccharide und Oligosaccharide und wegen ihrer süßenden Wirkung verwendete Lebensmittel, die diese Stoffe enthalten;
- Lebensmittel, getrocknet oder in konzentrierter Form, einschließlich Aromen, die bei der Herstellung von zusammengesetzten Lebensmitteln wegen ihrer aromatisierenden, geschmacklichen oder ernährungsphysiologischen Eigenschaften beigegeben werden und eine färbende Nebenwirkung haben (Beispiele: Safran, Kurkuma);
- Stoffe, die zum Umhüllen oder Überziehen verwendet werden, aber nicht Teil der Lebensmittel sind und nicht mit diesen Lebensmitteln verzehrt werden sollen (Beispiele: Käseüberzüge, Wursthüllen);
- flüssiges Pektin;
- Kaubasen zur Herstellung von Kaugummi;
- Weiß- und Gelbdextrin, sowie bestimmte Stärken;
- Ammoniumchlorid;
- Blutplasma, Speisegelatine, Proteinhydrolysate und deren Salze, Milcheiweiß und Gluten;
- Aminosäuren und ihre Salze (ausgenommen Glutaminsäure, Glycin, Cystein und Cystin sowie deren Salze), die nicht die Funktion eines Zusatzstoffes haben;
- Kaseinate und Kasein (bei diesen Stoffen handelt es sich um Enzyme, die bislang im Bereich des Zusatzstoffrechts geregelt waren, nun aber in den Anwendungsbereich der Enzymverordnung fallen);
- Inulin (Inulin ist ein Ballaststoff und wird auch dazu verwendet, um den Geschmack, die Textur und das Mundgefühl von Lebensmitteln zu verbessern).

Stoffe, die in Lebensmitteln sowohl technologische als auch ernährungsphysiologische Zwecke erfüllen können, gelten nach Erwägungsgrund 5 der EU-Zusatzstoffverordnung nicht als Zusatzstoffe, sofern sie aus ernährungsphysiologischen Gründen verwendet werden. Als Beispiele werden **Salzersatzstoffe, Vitamine und Mineralstoffe** genannt. Hierin liegt ein wesentlicher Unterschied zum deutschen Zusatzstoffrecht, das in § 2 Abs. 3 Satz 2 LFGB die anderen als technologischen Gründen dienenden Stoffe den Zusatzstoffen „gleichstellt". Diese Gleichstellung wurde bereits vor dem Inkrafttreten der Zusatzstoffverordnung für europarechtswidrig gehalten (hierzu *Meyer/Streinz*, § 2 LFGB, Rn. 6 ff., *Wehlau*, § 2 LFGB, Rn. 168). Auch nach dem Inkrafttreten der Zusatzstoffverordnung hält der deutsche Gesetzgeber an der Gleichstellung fest, da er aus Gründen des Gesundheitsschutzes möglichst viele Stoffe einer Zulassungspflicht unterwerfen will. Der ernährungsphysiologisch bedingte Zusatz von Stoffen zu Lebensmitteln ist durch die Verordnung (EG) Nr. 1925/2006 über den Zusatz von Vitaminen und Mineralstoffen sowie bestimmten anderen Stoffen zu Lebensmitteln (sog. **Anreicherungsverordnung**) abschließend geregelt (s. ⊙ Rn. 50 ff.). Für eine Gleichstellung dieser Stoffe mit den Zusatzstoffen besteht daher kein Bedürfnis. Daneben tragen auch Regelungen wie die Novel-Food-Verordnung (s. ⊙ Rn. 56 ff.) zum vorbeugenden Verbraucherschutz bei, so dass eine Abkehr von der Gleichstellung zu wünschen wäre; ein eigenständiger Anwendungsbereich ist jedenfalls kaum auszumachen.

273

b) Der Begriff der Verarbeitungshilfsstoffe. Die Differenzierung zwischen Verarbeitungshilfsstoffen und Zusatzstoffen ist in der Praxis nicht immer einfach; je nach Fallgestaltung kann ein Stoff, der als Zusatzstoff zugelassen ist, auch als Verarbeitungshilfsstoff zur Anwendung kommen. Die Unterscheidung hat vor allem kennzeichnungsrechtliche Konsequenzen, denn Verarbeitungshilfsstoffe sind gemäß § 5 Abs. 2 Nr. 3 LMKV nicht in der Zutatenliste eines Lebensmittels anzugeben. Verarbeitungshilfsstoffe werden in Art. 3 Abs. 2 b) der EU-Zusatzstoffverordnung definiert als Stoffe, die

274

- nicht als Lebensmittel verzehrt werden,
- bei der Be- und Verarbeitung von Rohstoffen, Lebensmitteln oder deren Zutaten aus technologischen Gründen während der Be- und Verarbeitung verwendet werden und
- unbeabsichtigte, technisch unvermeidbare Rückstände im Enderzeugnis hinterlassen können, „sofern diese Rückstände gesundheitlich unbedenklich sind und sich technologisch nicht auf das Enderzeugnis auswirken".

Verarbeitungshilfsstoffe und Zusatzstoffe werden also gleichermaßen aus technologischen Gründen verwendet; der wesentliche Unterschied liegt darin, dass

275

Verarbeitungshilfsstoffe im Enderzeugnis nur noch als technisch unvermeidbarer Rückstand vorhanden sind und keine technologische Wirkung mehr ausüben. Von einer **technischen Unvermeidbarkeit** kann ausgegangen werden, wenn die Rückstände oder Abbau- und Reaktionsprodukte mit den nach dem Stand der Technik verfügbaren Methoden und unter verhältnismäßigem Aufwand nicht vollständig entfernt werden können. Einer generellen Zulassungspflicht unterliegen Verarbeitungshilfsstoffe nicht (vgl. hierzu auch das Urteil des EuGH v. 28 Januar 2010 – C-333/08 –, in dem der EuGH feststellt, das das französische Zulassungssystem für Verarbeitungshilfsstoffe unverhältnismäßig ist und deshalb gegen Art. 28 EG (Freiheit des Warenverkehrs) verstößt).

276   **Beispiel:**
Der Stoff Tannin ist als Zusatzstoff in der Fruchtsaftverordnung und der Fruchtnektar- und Fruchtsirupverordnung zugelassen. Darüber hinaus besteht keine allgemeine Zulassung für Tannin als Zusatzstoff. Eine weitere Verwendung von Tanninen kommt aber als Verarbeitungshilfsstoff in Betracht, etwa zur Klärung von Flüssigkeiten. Durch sorgfältiges Abfiltrieren der Ausfällungen nach dem aktuellen Stand der Technik kann gewährleistet werden, dass das Enderzeugnis lediglich unvermeidbare Rückstände enthält. Einer Verwendung als Geschmackstoff, Antioxidant oder Farbstoff stünde entgegen, dass das Tannin dann noch eine technologische Wirkung im Enderzeugnis entfalten würde; dies wäre als Verwendung eines nicht zugelassenen Zusatzstoffs zu bewerten (Beispiel nach *Weck/Grote/Matthes*, Zusatzstoffe und Enzyme, S. 28).

277   **2. Verwendung von Zusatzstoffen – Verbotsprinzip mit Erlaubnisvorbehalt.** Das Zusatzstoffrecht ist von einem grundsätzlichen Verwendungsverbot mit Erlaubnisvorbehalt geprägt. Das bedeutet: Ein Zusatzstoff darf nur dann verwendet werden, wenn er ausdrücklich für den Einsatz zu technologischen Zwecken zugelassen wurde.

278   Das Verbot, beim gewerbsmäßigen Herstellen oder Behandeln von Lebensmitteln, die dazu bestimmt sind, in den Verkehr gebracht zu werden, nicht zugelassene Lebensmittelzusatzstoffe unvermischt oder in Mischungen mit anderen Stoffen zu verwenden, ist im nationalen Recht in § 6 Abs. 1 LFGB geregelt. Welche Zusatzstoffe zugelassen sind, muss der Rechtsanwender derzeit der ZZulV entnehmen: Gemäß § 1 Abs. 1 ZZulV sind die in den Anlagen der Verordnung aufgeführten Zusatzstoffe nach Maßgabe der Verordnung beim gewerbsmäßigen Herstellen und Behandeln von Lebensmitteln zu den in den §§ 3 bis 6a angegebenen technologischen Zwecken zugelassen. Ihre praktische Bedeutung werden die Anhänge der ZZulV mit der Fertigstellung der Gemeinschaftslisten mit zugelassenen Zusatzstoffen verlieren, die derzeit auf europäischer Ebene erarbeitet werden.

In der EU-Zusatzstoffverordnung ist das Verbotsprinzip mit Erlaubnisvorbehalt in Art. 4 geregelt. Danach dürfen nur Lebensmittelzusatzstoffe, die in einer Positivliste aufgeführt sind, unter den angeführten Bedingungen als solche in den Verkehr gebracht werden und in Lebensmitteln verwendet werden. **279**

3. Funktionsklassen von Zusatzstoffen. Die Funktionsklassen von Zusatzstoffen werden in Anhang I der Zusatzstoffverordnung mit entsprechenden Definitionen aufgeführt (Anhang I der EU-Zusatzstoffverordnung 💿). Es kann festgestellt werden, dass sie weitgehend, aber nicht vollständig, mit den Klassennamen gemäß Anlage 2 zur LMKV übereinstimmen. **280**

Insgesamt werden in der EU-Zusatzstoffverordnung 26 Funktionsklassen für Zusatzstoffe genannt; die Vorgängerregelung (Anhang I der Richtlinie 89/107/EWG) kannte lediglich 24 Kategorien. Diese Kategorien wurden durch die neue Zusatzstoffverordnung übernommen; entfallen sind aber die Kategorien Bindemittel und die Kategorie Enzyme. Die in der Richtlinie 89/107/EWG genannte Kategorie der Süßstoffe ist nunmehr in Anhang I der Zusatzstoffverordnung Teil der Funktionsklasse „Süßungsmittel". Diese Klasse umfasst sowohl Süßstoffe als auch Zuckeraustauschstoffe. Der Anhang enthält drei bislang nicht ausdrücklich geregelte Funktionsklassen, **Trägerstoffe** (Nr. 5 des Anhangs), **Schaummittel** (Nr. 15 des Anhangs) und **Komplexbildner** (Nr. 23 des Anhangs); zur Erläuterung der einzelnen Funktionen vgl. den Anhang I 💿. **281**

Verwender von Zusatzstoffen müssen im Hinblick auf die Kennzeichnung des Enderzeugnisses die eingesetzten Zusatzstoffe der passenden Funktionsgruppe zuordnen. Dies ist nicht immer eindeutig: So ist der Stoff Schwefeldioxid (E 220) sowohl als Antioxidationsmittel als auch als Konservierungsstoff zugelassen. Maßgeblich ist der technologische Hauptzweck im Hinblick auf den konkreten Einsatz des Lebensmittelzusatzstoffes im Lebensmittel. Für die Zuordnung ist allein der Lebensmittelhersteller verantwortlich, der seine Entscheidung allerdings plausibel begründen können sollte. **282**

4. Höchstmengen für Zusatzstoffe. Zusatzstoffe können nicht in beliebiger Menge eingesetzt werden. Für einige Stoffe hat der europäische Gesetzgeber Höchstmengen festgelegt; für andere Stoffe gilt das sog. „quantum-satis-Prinzip" (hierzu nachfolgend). Für die Festlegung der Höchstmengen ist in Art. 11 Abs. 1 Buchstabe a) der EU-Zusatzstoffverordnung der Grundsatz geregelt, **283**

dass als Höchstmenge die geringste Dosis gilt, die notwendig ist, um die gewünschte Wirkung zu erzielen. Dabei sind die für den Lebensmittelzusatzstoff festgelegte akzeptierbare Tagesdosis oder gleichwertige Bewertungen und die wahrscheinliche tägliche Aufnahmemenge unter Berücksichtigung aller Quellen zu beachten.

284   Für Zusatzstoffe, für die keine bestimmten Höchstmengen vorgeschrieben sind, gilt das **quantum-satis-Prinzip**; in den Anlagen der ZZulV ist dies an den entsprechenden Stellen durch das Kürzel „qs" gekennzeichnet. Der Begriff ist in Art. 3 Buchstabe h) der EU-Zusatzstoffverordnung definiert. Danach wird für Stoffe, die mit der Angabe „quantum satis" gekennzeichnet sind, keine numerische Höchstmenge festgelegt; die Stoffe sind statt dessen gemäß der guten Herstellungspraxis nur in der Menge zu verwenden, die erforderlich ist, um die gewünschte Wirkung zu erzielen, unter der Voraussetzung, dass die Verbraucher nicht irregeführt werden. Eine vergleichbare Definition findet sich auch in § 7 Abs. 2 ZZulV.

285   Bei der Anwendung der Höchstmengenregelungen für Zusatzstoffe sind einige Besonderheiten zu beachten:
- Gemäß Art. 11 Abs. 3 Satz 1 der EU-Zusatzstoffverordnung gilt der Grundsatz, dass die in Anhang II genannten Höchstmengen der Lebensmittelzusatzstoffe **für die Lebensmittel gelten, wie sie in Verkehr gebracht werden.** Von diesem Grundsatz wird bei **getrockneten und/oder konzentrierten Lebensmitteln** abgewichen, die rekonstituiert werden müssen. In diesen Fällen gelten die Höchstmengen für das nach den Anweisungen auf dem Etikett zubereitete Lebensmittel, wobei der Mindestverdünnungsfaktor zu berücksichtigen ist. Der Begriff „rekonstituieren" setzt nicht voraus, dass das Lebensmittel (genauer: das Enderzeugnis) zuvor schon einmal in seinem ursprünglichen Zustand existiert hat. Dieser Zustand kann auch erstmalig aufgrund der Zubereitung durch den Verbraucher entstehen.
- Bei **Farbstoffen** besteht die Besonderheit, dass diese in der Regel an Trägerstoffe gebunden sind. Die Menge der nicht färbenden Anteile kann bei ein und demselben Farbstoff unterschiedlich hoch sein; daher bestimmt Art. 11 Abs. 4 der EU-Zusatzstoffverordnung, dass die Höchstmengen für Farbstoffe auf die Mengen des färbenden Grundbestandteils in der färbenden Zubereitung zu beziehen sind. In der Praxis kann die zulässige Gesamtmenge anhand der Spezifikation berechnet werden, sofern nicht bereits der Lieferant des Farbstoffs entsprechende Angaben macht.

Beispiel (nach *Zipfel/Rathke*, Lebensmittelrecht, C 120, § 7, Rn. 5): **286**
Der handelsübliche Farbstoff E 104 weist einen reinen Farbstoffgehalt von
70 % auf; seine Verwendung in Zuckerwaren ist auf 300 mg/kg begrenzt.
Daraus folgt, dass der Stoff bis zu einer (Gesamt-)Menge von 428,6 mg/
kg eingesetzt werden darf.

5. Der Übertragungsgrundsatz. Nicht selten gelangt ein Zusatzstoff über eine **287**
Zutat in ein anderes Lebensmittel; er wird diesem Lebensmittel also nicht unmittelbar, sondern mittelbar zugesetzt. Besteht nun für die Verwendung dieses
Zusatzstoffes im Enderzeugnis keine ausdrückliche Zulassung oder ist die Verwendung des Zusatzstoffes zwar im Enderzeugnis, aber nicht in der Zutat zugelassen, der der Zusatzstoff zugesetzt wurde würde grundsätzlich das Verbotsprinzip greifen. Folge: Die betreffende Zutat dürfte zur Herstellung des
Enderzeugnisses nicht verwendet werden. Dieses sachlich nicht gerechtfertigte
Ergebnis wird durch den Übertragungsgrundsatz (**Carry-over-Prinzip**) korri-
giert, das in Art. 17 der EU-Zusatzstoffverordnung geregelt ist. Nach der gesetzlichen Regelung sind drei Fälle zu unterscheiden:
- Grundsätzlich darf ein Zusatzstoff auch dann in einem Lebensmittel enthalten sein, wenn die Verwendung in diesem Lebensmittel nicht ausdrücklich
  zugelassen ist. Es ist aber erforderlich, dass der Zusatzstoff **zulässigerweise
  in einer der Zutaten des zusammengesetzten Lebensmittels verwendet**
  wurde.
- Darüber hinaus darf ein Zusatzstoff in einem Lebensmittel mit zugesetzten
  Zusatzstoffen, Enzymen oder Aromen enthalten sein, sofern der Zusatzstoff
  nach der EU-Zusatzstoffverordnung **im Zusatzstoff, dem Enzym oder
  Aroma zugelassen** ist, durch den Zusatzstoff, das Enzym oder das Aroma in
  das Lebensmittel übertragen wurde und der Zusatzstoff in dem endgültigen
  Lebensmittel keine technologische Funktion erfüllt.
- Zudem darf ein Zusatzstoff in einem Lebensmittel enthalten sein, das ausschließlich für die Zubereitung eines zusammengesetzten Lebensmittels
  verwendet wird, sofern Letzteres der Zusatzstoffverordnung genügt. Diese
  Ausprägung des Carry-over-Grundsatzes ist auch in der derzeit noch geltenden ZZulV geregelt. § 8 Abs. 1 ZZulV lautet:

„Lebensmitteln, die als Zutat für ein anderes Lebensmittel bestimmt sind,
dürfen auch die Zusatzstoffe zugesetzt werden, die nur für das andere Lebensmittel zugelassen sind."

288   Eingeschränkt wird der Carry-over-Grundsatz durch Art. 18 Abs. 2 der EU-Zu-satzstoffverordnung für den Bereich der Säuglingsanfangsnahrung, Folgenah-rung, Getreidebeikost, anderer Beikost sowie diätetischer Lebensmittel für be-sondere medizinische Zwecke für Säuglinge und Kleinkinder. In diesen Bereichen kann der Grundsatz nur in ausdrücklichen Ausnahmefällen ange-wendet werden. Zudem besteht eine besondere Regelung für den Fall, dass ein Zusatzstoff in einem Aroma, Zusatzstoff oder Enzym verwendet wird, über die-sen Weg in ein Lebensmittel gelangt und dort eine technologische Funktion ausübt. Gemäß Art. 18 Abs. 3 der EU-Zusatzstoffverordnung gilt er dann als Zusatzstoff des Enderzeugnisses und hat den in der Zusatzstoffverordnung festgelegten Bedingungen für die Verwendung zu entsprechen. Drei Fälle sind hierbei zu unterscheiden:

- Sofern sich die technologische Wirkung des Zusatzstoffes auf das Aroma, den Zusatzstoff oder das Enzym selbst beschränkt, ist die Weiterverarbeitung des Stoffes uneingeschränkt zulässig.
- Sofern der Zusatzstoff auch in dem Lebensmittel, zu dessen Herstellung das Aroma, der Zusatzstoff oder das Enzym verwendet werden, zugelassen ist, ist seine Weiterverarbeitung uneingeschränkt zulässig.
- Sofern der Zusatzstoff im Enderzeugnis eine technologische Wirkung aus-übt, aber im Enderzeugnis nicht zugelassen ist, darf das Aroma, der Zusatz-stoff oder das Enzym nicht zur Weiterverarbeitung eingesetzt werden.

289   Besonderheiten bei der Anwendung des Carry-over-Grundsatzes gelten auch für den Bereich der **Süßungsmittel**. Gemäß Art. 18 Abs. 4 der EU-Zusatzstoff-verordnung dürfen diese in

- zusammengesetzten Lebensmitteln ohne Zuckerzusatz,
- brennwertverminderten zusammengesetzten Lebensmitteln,
- zusammengesetzten Lebensmitteln für kalorienarme Ernährung,
- nicht kariogenen zusammengesetzten Lebensmitteln,
- Lebensmitteln mit verlängerter Haltbarkeit

verwendet werden, sofern das Süßungsmittel für eine der Zutaten des zusam-mengesetzten Lebensmittels zugelassen ist.

290   Der Carry-over-Grundsatz kann auch in Fällen angewendet werden, in denen die **zulässige Menge** an Zusatzstoffen im Enderzeugnis nach formalen Aspek-ten überschritten wäre. Dies soll an einem Beispiel verdeutlicht werden (nach *Weck/Grote/Matthes*, Zusatzstoffe und Enzyme, S. 47 f.).

Beispiel: **291**

Ein Krabbensalat darf als Feinkostsalat nach der ZZulV grundsätzlich bis zu 1.500 mg/kg der Konservierungsstoffe Benzoe- und Sorbinsäure, einzeln oder kombiniert, enthalten. Die typischen Zutaten eines Krabbensalates unterliegen aber individuellen Höchstmengenbegrenzungen:

- Gemäß Anlage 5 Liste 2 der ZZulV darf die Höchstmenge an zugesetzter Benzoe- und Sorbinsäure bei Nordseekrabben (*Crangon crangon*) maximal 6.000 mg/kg betragen. Diese vergleichsweise große Menge entspricht dem Bedürfnis, die mikrobiologisch empfindlichen Krabben vor dem Verderb und den Verbraucher vor Gesundheitsgefahren aus hieraus hergestellten Lebensmitteln zu schützen.
- Für emulgierte und nicht emulgierte Feinkostsoßen liegen die entsprechenden Höchstmengen bei 1.000/2.000 mg/kg.

In Fällen wie diesem ist es angebracht, den Carry-over-Grundsatz auch dann   **292**
anzuwenden, wenn die Verwendung des Zusatzstoffes im Enderzeugnis **nicht in dieser Menge zugelassen** ist, denn die zulässige Höchstmenge eines Konservierungsstoffes in einem zusammengesetzten Lebensmittel hat sich stets an der in mikrobiologischer Hinsicht empfindlichsten Zutat auszurichten.

Setzt sich der Krabbensalat aus den Zutaten 40 % Nordseekrabben und 60 %   **293**
emulgierter Soße zusammensetzt, kann sich danach folgender Gehalt an Konservierungsstoffen ergeben:

40 % Nordseekrabben:	2.400 mg/kg
60 % emulgierte Soße mit Fettgehalt < 60 %:	<u>1.200 mg/kg</u>
	3.600 mg/kg

6. Kennzeichnungsvorschriften. Bei der Kennzeichnung von Zusatzstoffen in **294**
Lebensmitteln, die in Fertigpackungen an den Endverbraucher abgegeben werden, gelten die in der LMKV geregelten Grundsätze (hierzu bereits oben, Rn. 170). Insbesondere ist die Frage von Bedeutung, ob der Zusatzstoff im Enderzeugnis eine technologische Wirkung ausübt und damit Zutat ist.

Mit Art. 24 der EU-Zusatzstoffverordnung wurden Vorschriften über einen   **295**
Warnhinweis bei bestimmten Farbstoffen eingeführt. Hintergrund ist der vage Verdacht – der mittlerweile sogar von der EFSA in Zweifel gezogen wird –, dass diese mit Hyperaktivität bei Kindern in Zusammenhang stehen könnten.

296   Gemäß Art. 24 Abs. 1 enthält die Kennzeichnung von Lebensmitteln, die die in Anhang V der Verordnung aufgeführten Lebensmittelfarbstoffe enthalten, die in Anhang V aufgeführten zusätzlichen Informationen. Anhang V ordnet für die Kennzeichnung von Lebensmitteln, die ein oder mehrere der dort genannten Lebensmittelfarbstoffe enthalten, die folgende Angabe an:

> § „Bezeichnung oder E-Nummer des Farbstoffes/der Farbstoffe: Kann Aktivität und Aufmerksamkeit bei Kindern beeinträchtigen".

In Anhang V sind folgende Farbstoffe aufgeführt:
- Gelborange S (E 110)
- Chinolingelb (E 104)
- Azorubin (E 122)
- Alluarrot A C (E 129)
- Tartrazin (E 102)
- Cochenillerot A (E 124)

297   Von der Hinweispflicht ausgenommen sind lediglich die Verwendung der Farbstoffe zur Kennzeichnung von Fleischerzeugnissen (Kennzeichnung zu Gesundheits- oder anderen Zwecken) sowie für Stempelaufdrucke und Farbverzierungen auf den Schalen von Eiern. Nachdem die Europäische Kommission erkannt hat, dass der Warnhinweis auch bei alkoholischen Getränken eher eine zusätzliche erheiternde Wirkung hätte, wurden alkoholische Getränke durch eine gesonderte Verordnung ausdrücklich vom Warnhinweis befreit. Anderen Produkten wie Lachsersatz oder Deutscher Kaviar, die ebenfalls nicht zu den zentralen Bestandteilen der Kinderernährung zählen, war weniger Glück beschieden.

298   Zur Umsetzung des Warnhinweises in der Praxis enthält die Verordnung keine näheren Anhaltspunkte. Er wird jedenfalls nicht innerhalb der Zutatenliste erfolgen können, da diese aus einer **ununterbrochenen** Aufzählung der Zutaten besteht. Denkbar ist eine Sternchenlösung im Zusammenhang mit der Zutatenliste oder ein gesonderter Hinweis an anderer Stelle der Verpackung.

299   Die Anforderungen an die Kennzeichnung von Zusatzstoffen, die an Weiterverarbeiter abgegeben werden, sind in einem eigenen Abschnitt dargestellt (Rn. 34).

II. Lebensmittelenzyme

1. Allgemeines zur Enzymverordnung. Die Enzymverordnung führt erstmals **300**
für alle zur Verwendung in Lebensmitteln bestimmten Enzyme einheitlich geltende Vorschriften ein. Dabei hat der europäische Gesetzgeber deutliche Paral-
lelen zum Zusatzstoffrecht gezogen. Auch für Enzyme gilt nunmehr ein **grund-
sätzliches Verwendungsverbot**; die Erlaubnis zum Einsatz eines Enzyms hängt
von der Zulassung und Aufnahme des Enzyms in eine **Gemeinschaftsliste** ab.
Darüber hinaus legt die Verordnung Bedingungen für die sichere Verwendung
sowie Kennzeichnungsregeln fest.

Wie auch im Bereich der Zusatzstoffe ist die Gemeinschaftsliste mit Enzymen **301**
noch nicht fertig gestellt, weshalb sich für Lebensmittelhersteller vorerst an der
Anwendungspraxis wenig ändert. Nach der alten Rechtslage bestehen nur für
wenige Enzyme Zulassungen (die betroffenen Enzyme werden insofern den
Zusatzstoffen gleichgestellt); die meisten Enzyme, die in der Lebensmittelpro-
duktion verwendet werden, werden hiervon jedoch nicht erfasst. Regelmäßig
entfalten sie ihre technologische Wirkung nur während des Herstellungsprozesses, so dass sie im Enderzeugnis keine technologische Wirkung mehr haben; folglich sind diese Enzyme in der Zutatenliste des Enderzeugnisses auch
nicht zu kennzeichnen.

2. Anwendungsbereich und Definitionen. Rein naturwissenschaftlich betrach- **302**
tet sind Enzyme Proteine, die als Biokatalysatoren den Stoffwechsel in Organismen steuern. Sie kommen in allen Lebewesen vor und spielen dort eine
zentrale Rolle, da sie durch ihre katalytische Aktivität z. B. biochemische Reaktionen ermöglichen oder deren Geschwindigkeit beeinflussen (*Weck/Grote/
Matthes*, Zusatzstoffe und Enzyme, S. 76). Die Enzymverordnung definiert
selbst nicht, was ein Enzym ist. Sie geht vielmehr vom Begriff der Lebensmittelenzyme „im Sinne der Verordnung" aus, die in Art. 3 als Erzeugnisse
definiert werden, die aus Pflanzen, Tieren oder Mikroorganismen oder durch
Fermentationsverfahren mit Mikroorganismen gewonnen werden. Diese Erzeugnisse müssen ein oder mehrere Enzyme mit der Fähigkeit enthalten, spe-
zifische biochemische Reaktionen zu katalysieren. Sie sind ferner nur dann als
Lebensmittelenzym zu klassifizieren, wenn sie einem Lebensmittel als **Zusatzstoff oder Verarbeitungshilfsstoff aus technologischen Gründen** zugesetzt werden. Lebensmittelrechtlich können Enzyme also als eine besondere Art von Zusatzstoffen begriffen werden.

303   Vom Anwendungsbereich der Enzymverordnung erfasst sind auch **Lebensmit-telenzym-Zubereitungen.** Sie werden in Art. 3 Abs. 2 der Enzymverordnung als zusammengesetzte Erzeugnisse definiert, die durch Weiterverarbeitung von einem oder mehreren Lebensmittelenzymen durch Zugabe von weiteren Le-bensmittelzutaten und Lebensmittelzusatzstoffen entstehen, um die Lagerung, den Verkauf, die Standardisierung, die Verdünnung oder die Lösung der Le-bensmittelenzyme zu erleichtern. Die ausdrückliche Einbeziehung der Lebens-mittelenzym-Zubereitungen soll verhindern, dass jedes Weiterverarbeitungs-produkt, das neben dem reinen Extraktions- oder Gärungsprodukt „Enzym" noch weitere Bestandteile enthält, allein aufgrund seines Verwendungszwecks in den Anwendungsbereich der Enzymverordnung fällt (*Weck/Grote/Matthes*, Zusatzstoffe und Enzyme, S. 81).

304   Der Geltungsbereich der Enzymverordnung ist auf Lebensmittelenzyme be-schränkt, die einem Lebensmittel zur **Erfüllung einer technologischen Funk-tion** bei der Herstellung, Verarbeitung, Zubereitung, Behandlung, Verpackung, Beförderung oder Lagerung zugesetzt werden. Dabei unterscheidet die Enzym-verordnung nicht näher danach, ob das Enzym als Zusatzstoff oder als Verar-beitungshilfsstoff verwendet wird; beide Alternativen sind vom Anwendungs-bereich der Verordnung erfasst (Konsequenzen ergeben sich ausschließlich für die Kennzeichnung).

305   Durch die ausschließliche Bezugnahme auf eine technologische Funktion des Lebensmittelenzyms sind zum Verzehr bestimmte Enzyme, wie z. B. **Enzyme zu Ernährungszwecken oder zur Verdauungsförderung, nicht erfasst.** Ferner gilt die Enzymverordnung nicht für Lebensmittelenzyme, die ausschließlich zur Herstellung von Lebensmittelzusatzstoffen oder Verarbeitungshilfsstoffen verwendet werden.

306   **Mikroorganismenkulturen**, die zwar selbst Enzyme produzieren können, hierzu aber nicht spezifisch verwendet werden, sondern die in der herkömm-lichen Erzeugung von Lebensmitteln (beispielsweise bei der Käse- oder Wein-erzeugung) verwendet werden, sind vom Anwendungsbereich der Enzymver-ordnung ausgenommen.

307   **3. Zulassung und Gemeinschaftsliste.** Für die Zulassung von Enzymen gelten nach der Enzymverordnung im Wesentlichen die gleichen Bedingungen wie für die Zulassung von Zusatzstoffen: Oberstes Gebot ist die Sicherheit in der Verwendung unter normalen Verwendungsbedingungen (vgl. Art. 14 Abs. 1 Basisverordnung). Dies bedeutet konkret, dass ein Lebensmittelenzym **gesund-heitlich unbedenklich** und die Verwendung des Enzyms **aus technologischer**

Sicht notwendig sein muss. Daneben spielt wie auch beim Einsatz von Zusatz-stoffen das **Verbot der Irreführung** eine Rolle. Eine unangemessene Beeinflussung in Bezug auf die Beschaffenheit, den Frischegrad, den Nährwert eines Erzeugnisses, die Qualität der verwendeten Zutaten, die Natürlichkeit eines Erzeugnisses oder des Herstellungsverfahrens hat zu unterbleiben.

Auch wenn ein Enzym zugelassen wurde, ist die Europäische Kommission von Herstellern oder Verwendern über neue Entwicklungen, die die Sicherheitsbewertung eines Lebensmittelenzyms betreffen, zu **informieren**. In die Sicherheitsbewertung fließen auch der Einsatz neuer Produktionsmethoden oder die Verwendung anderer Ausgangsstoffe eine Rolle. Beispielhaft wird in Erwägungsgrund 12 der Enzymverordnung der Wechsel von der Gewinnung eines Lebensmittelenzyms aus einer pflanzlichen Quelle hin zu einer Gewinnung durch Fermentation durch Mikroorganismen als wesentlicher Unterschied genannt. **308**

Der **Gemeinschaftsliste** mit Enzymen werden nach ihrer Fertigstellung folgende Informationen entnommen werden können: **309**
- der Name des Enzyms,
- die Spezifikationen,
- Angaben zu den Lebensmitteln, denen das Enzym zugesetzt werden darf,
- Verwendungsbedingungen, gegebenenfalls Höchstmengen (andernfalls gilt das quantum satis-Prinzip),
- Verkaufsbeschränkungen in Bezug auf bestimmte Verkehrskreise,
- spezielle Kennzeichnungsvorschriften.

Da Enzyme bereits seit geraumer Zeit zulässigerweise zur Herstellung von Lebensmitteln verwendet werden, hat der Gesetzgeber lange **Übergangsfristen** zur Festlegung der Bewertungsmaßstäbe und zur Erstellung der Gemeinschaftsliste eingeräumt. Bis die neuen Regelungen vollständig in der EU anwendbar sein werden, werden noch einige Jahre vergehen. Bis zur Erstellung der Gemeinschaftsliste können Lebensmittelenzyme und mit Lebensmittelenzymen hergestellte Lebensmittel nach den geltenden einzelstaatlichen Vorschriften weiter in den Verkehr gebracht und verwendet werden. Der Zeitplan sieht wie folgt aus: **310**
- 20. Januar 2009: Inkrafttreten der Enzymverordnung.
- 20. Juli 2009: Die EFSA legt Leitlinien für die Daten zur Risikobewertung von Enzymen vor („Enzym-Guidelines").
- Dezember 2010/Januar 2011: Das einheitliche Zulassungsverfahren wird angewendet.

- Dezember 2012/Januar 2013: Deadline für die Beantragung von Enzymen zur Aufnahme in die Gemeinschaftsliste.
- Sicherheitsbewertung durch die EFSA.
- Entscheidung der Kommission.
- Frühestens 2014: Veröffentlichung der Gemeinschaftsliste mit zugelassenen Enzymen.

311 Nach alter Rechtslage waren die Enzyme **Invertase und Lysozym** sowie die nach der Verordnung (EG) Nr. 1493/1999 über die gemeinsame Marktorganisation für Wein zugelassenen Enzyme Lysozym, Urease und Betaglukanase als Zusatzstoffe zugelassen; diese Stoffe werden in die Gemeinschaftsliste überführt.

312 **4. Kennzeichnung von Lebensmitteln, die Enzyme enthalten.** Die Enzymverordnung enthält schließlich umfassende Kennzeichnungsregeln, wobei wie gewohnt unterschieden werden muss, an wen und in welcher Form die Enzyme abgegeben werden.

313 In Bezug auf die Kennzeichnung von Enzymen in Lebensmitteln, die zur Abgabe in Fertigpackungen an den Endverbraucher bestimmt sind, kann im Wesentlichen auf die Ausführungen oben, Rn. 172, verwiesen werden. Neben der ausdrücklichen **Ergänzung des Zutatenbegriffs um die Enzyme** gilt die Vorgabe, dass im Enderzeugnis technologisch wirksame Enzyme mit einer der im Anhang II (der Kennzeichnungsrichtlinie) genannten Kategorien (Funktionsklasse), gefolgt von ihrer „**spezifischen Bezeichnung**", gekennzeichnet werden müssen. Bis zur Fertigstellung der Gemeinschaftsliste kann auch die **Handelsbezeichnung** oder die Bezeichnung aus der Nomenklatur der Internationalen Vereinigung für Biochemie und Molekularbiologie angegeben werden.

314 Die Kennzeichnung von Enzymen, die an gewerbliche Weiterverarbeiter abgegeben werden, richtet sich nach Art. 11 der Enzymverordnung. Auf die Ausführungen unter 🔘 Rn. 33 f. kann verwiesen werden.

III. Aromenrecht

315 **1. Allgemeines zum Inhalt der Aromenverordnung.** Mit der Verordnung (EG) Nr. 1334/2008 über Aromen und bestimmte Lebensmittelzutaten mit Aromaeigenschaften zur Verwendung in und auf Lebensmitteln (EU-Aromenverordnung) werden die in den Mitgliedstaaten geltenden Vorschriften im Bereich der

Aromen grundlegend überarbeitet. Das Aromenrecht beruhte bislang auf der Aromenrichtlinie 88/388/EWG, die in Deutschland mit der nationalen Aromenverordnung umgesetzt wurde. Mit der Geltung der EU-Aromenverordnung ab dem 20. Januar 2011 wird die Aromenrichtlinie aufgehoben; gleichzeitig werden wesentliche Teile des nationalen Aromenrechts obsolet. Wie auch im Bereich der Zusatzstoffe und Enzyme soll künftig eine Gemeinschaftsliste gelten; nur die in der Gemeinschaftsliste aufgeführten Aromastoffe dürfen unter den dort genannten Bedingungen verwendet werden. Daneben stellt die Verordnung Bedingungen für die Herstellung und Sicherheit von Aromen und Lebensmittelzutaten mit Aromaeigenschaften auf und legt Kennzeichnungsregeln fest.

2. Anwendungsbereich und Definitionen. Der Anwendungsbereich der Aro- **316** menverordnung ist weit gefasst; er umfasst neben Aromen auch Lebensmittelzutaten mit Aromaeigenschaften, Lebensmittel, die Aromen und/oder Lebensmittelzutaten mit Aromaeigenschaften enthalten sowie Ausgangsstoffe für Aromen und/oder für Lebensmittelzutaten mit Aromaeigenschaften. Die folgenden, zentralen Definitionen sind zu beachten (vgl. hierzu parallel Art. 3 der EU-Aromenverordnung mit den dort enthaltenen Begriffsbestimmungen):

- **Aromen** sind Erzeugnisse, die als solche nicht zum Verzehr bestimmt sind und Lebensmitteln zugesetzt werden, um ihnen einen besonderen Geruch und/oder Geschmack zu verleihen oder diesen zu verändern. Sie werden aus den folgenden Kategorien hergestellt oder bestehen aus diesen: Aromastoffe, Aromaextrakte, thermisch gewonnene Reaktionsaromen, Raucharomen, Aromavorstufen, sonstige Aromen oder deren Mischungen. Das Merkmal „als solche nicht zum Verzehr bestimmt" dient der Abgrenzung zu Lebensmitteln, die ebenfalls wegen ihrer geschmacklichen Wirkung verwendet werden, bei denen aber eine Unterwerfung unter das Regime des Aromenrechts (einschließlich der Zulassung und Aufnahme in die Gemeinschaftsliste) nicht angezeigt ist (beispielhaft können Lebensmittel wie Butter oder auch Speisewürze genannt werden; Kräuter und Gewürze sind ebenfalls als solche zum Verzehr bestimmt, aber ausdrücklich vom Aromenbegriff ausgeschlossen). Gleichwohl kann es sich um Lebensmittel mit Aromaeigenschaften handeln (hierzu weiter unten).
- **Aromastoffe** sind die geruchs- oder geschmacksgebenden Bestandteile eines Aromas; es handelt sich um chemisch definierte Stoffe mit Aromaeigenschaften. Da Aromastoffe häufig hoch konzentriert sind, wird ihre Verwendung durch die Zugabe von Trägerstoffen vereinfacht (insofern setzt sich ein „Aroma" häufig aus einem oder mehreren Aromastoffen sowie einem Trägerstoff zusammen). Ein **natürlicher Aromastoff** muss natürlich vorkom-

men und in der Natur nachgewiesen sein. Er kann aus pflanzlichen oder tierischen Ausgangsmaterialien gewonnen werden; nach der EU-Aromenverordnung kann er auch aus Mikroorganismen oder Zellmaterial gewonnen werden (dies ist z. B. bei Vanillin möglich, dass sowohl aus der Vanilleschote als auch mikrobiologisch aus Zuckerrübenschnitzeln hergestellt werden kann; in beiden Fällen handelt es sich um einen natürlichen Aromastoff, vgl. *Muermann*, Aromen, S. 19).

- **Aromaextrakte** sind eine bedeutende Untergruppe der natürlichen Aromastoffe. Es handelt sich um eine Mischung aus definierten Stoffen mit Aromaeigenschaften; häufig werden zur Herstellung Kräuter, Gewürze, Früchte oder Mischungen hieraus verwendet. Wesentlich ist bei einem Extrakt, dass er das gleiche Gemisch an Geschmacksbausteinen enthält, wie das zu Grunde liegende Ausgangsmaterial (*Muermann*, Aromen, S. 19). Eine Extraktion kann selektiv erfolgen, es können also auch z. B. die färbenden oder antioxidativ wirkenden Bestandteile des Ausgangsstoffes extrahiert werden. In diesen Fällen kommt eine Einordnung des Extrakts als Aroma nicht in Betracht. Weist ein nicht selektiv extrahierter Stoff neben den geschmacklichen Eigenschaften auch technologische Wirkungen auf, obliegt es dem Lebensmittelunternehmer, den Stoff entsprechend seines Verwendungszwecks einzuordnen und zu kennzeichnen.

- **Raucharomen** sind Erzeugnisse, die durch Fraktionierung und Reinigung aus kondensiertem Rauch gewonnen werden und einem Lebensmittel einen Rauchgeschmack verleihen sollen. Raucharomen sind primär durch die Verordnung (EG) Nr. 2065/2003 (Raucharomenverordnung) geregelt. Die EU-Aromenverordnung führt allerdings eine Verschärfung der Kennzeichnungsregeln für Raucharomen ein, denn diese können nicht mehr schlicht als „Aroma" gekennzeichnet werden (vgl. § 6 Abs. 5 LMKV) sondern sind zwingend mit der Bezeichnung „Raucharoma" zu kennzeichnen, sofern sie dem Lebensmittel einen Räuchergeschmack verleihen (vgl. Art. 29 der EU-Aromenverordnung).

- **Lebensmittel mit Aromaeigenschaften** sind keine Aromen, werden aber in erster Linie zur Aromatisierung von Lebensmitteln als Zutat verwendet. Sofern sie wesentlich zum Vorhandensein bestimmter unerwünschter Stoffe im Enderzeugnis beitragen, fallen sie in den Anwendungsbereich der Verordnung (Beispiel: Zimt enthält Cumarin). Mit der Einbeziehung der Lebensmittel mit Aromaeigenschaften in den Anwendungsbereich der Aromenverordnung soll Rechtssicherheit erzielt werden, da hierzu unterschiedliche Auffassungen in den Mitgliedstaaten vertreten wurden. Die EU-Aromenverordnung **gilt damit auch für Kräuter und Gewürze**, aber nur soweit sie bei der gewerblichen Herstellung von Lebensmitteln **als Zutat** verwendet werden. Der Handel mit Kräutern und Gewürzen als solchen ist von der Aromenverordnung nicht betroffen.

Nicht in den Anwendungsbereich der EU-Aromenverordnung fallen „Stoffe mit ausschließlich süßem, saurem oder salzigem Geschmack (z. B. Zucker, Essig, Kochsalz). Darüber hinaus sind vom Anwendungsbereich ausgenommen „rohe Lebensmittel", die keiner Verarbeitung unterzogen wurden, und **nicht zusammengesetzte Lebensmittel**, wie zum Beispiel Gewürze, Kräuter, Tee und teeähnliche Erzeugnisse (z. B. Früchtetee oder Kräutertee) sowie Mischungen von Gewürzen und/oder Kräutern, Teemischungen und Mischungen von teeähnlichen Erzeugnissen, **sofern sie als solche verzehrt und/oder dem Lebensmittel nicht hinzugefügt werden**. **317**

3. Kennzeichnungsbestimmungen. Bei der Kennzeichnung von Aromen ist – wie im Bereich der Zusatzstoffe und Enzyme auch – danach zu unterscheiden, an wen das Aroma (oder das Lebensmittel, dass ein Aroma enthält) abgegeben wird. Die Kennzeichnung von Aromen, die als Zutat in Lebensmitteln verwendet werden, die zur **Abgabe in Fertigpackungen an den Endverbraucher** bestimmt sind, richtet sich in erster Linie nach der LMKV (dort § 6 Abs. 5, hierzu oben, Rn. 173 ff.). Die bisherige Dreiteilung bei Aromastoffen – natürlich, naturidentisch und künstlich – wird aufgehoben. Künftig gibt es lediglich „Aromastoffe", die unter bestimmten Voraussetzungen als „natürlich" bezeichnet werden dürfen. Soll das Aroma in irgendeiner Form als „natürlich" bezeichnet werden, so sind zusätzlich die Anforderungen des Artikels 16 der EU-Aromenverordnung zu beachten (hierzu ebenfalls oben, Rn. 175 ff.). Die gleichen Voraussetzungen sind zu beachten, wenn Aromen als solche an den Endverbraucher abgegeben werden. Für Aromen, die zur **Abgabe an Weiterverarbeiter** bestimmt sind, enthält Art. 15 der EU-Aromenverordnung detaillierte Kennzeichnungsvorschriften (siehe ⊙ Rn. 33 ff.). **318**

4. Höchstmengen für bestimmte Stoffe. Ein wesentlicher Regelungsgegenstand der EU-Aromenverordnung ist die Festlegung von Höchstmengen für bestimmte unerwünschte Stoffe, die von Natur aus in Aromen und/oder Lebensmittelzutaten mit Aromaeigenschaften vorkommen (sog. *active principles*), und zwar bezogen auf bestimmte, zusammengesetzte Lebensmittel (Art. 6 i. V. m. Anhang III). Die Verordnung sieht vor, dass die festgelegten Höchstmengen „nicht infolge der Verwendung von Aromen und/oder Lebensmittelzutaten mit Aromaeigenschaften in diesen Lebensmitteln überschritten werden" dürfen. Daraus folgt umgekehrt: Der Beitrag aus Stoffen, die dem zu- **319**

sammengesetzten Lebensmittel nicht in erster Linie zur Aromatisierung beigegeben werden, ist bei der Ermittlung des Gehalts nicht einzurechnen. Es ist
allerdings zu bezweifeln, dass diese Unterscheidung in der Praxis überhaupt
sicher getroffen werden kann.

320 Die Anwendung der Höchstmengenregelung soll an einem **Beispiel** dargestellt
werden. Für den Stoff **Cumarin** sind folgende Höchstmengen (in mg/kg) vorgesehen:

Traditionelle und/oder saisonale Backwaren, bei denen Zimt in der Kennzeichnung angegeben ist	50
Frühstücksgetreideerzeugnisse einschließlich Müsli	20
Feine Backwaren außer traditionelle und/oder saisonale Backwaren, bei denen Zimt in der Kennzeichnung angegeben ist	15
Dessertspeisen	5

321 Der **Verweis auf die „Kennzeichnung"** stellt klar, dass nicht nur traditionelle/
saisonale Backwaren gemeint sind, bei denen die Zutat „Zimt" Bestandteil der
Verkehrsbezeichnung ist („Zimtsterne"). Umfasst sind auch solche traditionel-
len/saisonalen Backwaren, bei denen die Zutat Zimt im Zutatenverzeichnis genannt wird (wie dies z. B. bei „Lebkuchen" der Fall sein kann). Für alle anderen
feinen Backwaren gilt eine niedrigere Höchstmenge von 15 mg/kg. Für Lebensmittel, die in der Tabelle nicht ausdrücklich genannt sind, gelten grundsätzlich
keine Höchstmengen. Allerdings müssen auch diese Lebensmittel „sicher" im
Sinne des Artikels 14 Basisverordnung sein. Insofern kann von Bedeutung
sein, ob für diese Stoffe ein ARfD- oder ADI-Wert festgelegt wurde oder in der
Literatur berichtet wird. Hieran wird das Lebensmittel in diesem Fall zu messen
sein.

322 In Bezug auf die Stoffe **Estragol, Safrol und Methyleugenol** gelten weitere Besonderheiten. Mittels einer Fußnote wird klargestellt, dass die Höchstwerte
nicht gelten, wenn das zusammengesetzte Lebensmittel **keine hinzugefügten
Aromen** enthält und die einzigen Lebensmittelzutaten mit Aromaeigenschaften, die hinzugefügt wurden, **frische, getrocknete oder tiefgekühlte Kräuter
oder Gewürze** sind. Mit der Regelung soll dem Umstand Rechnung getragen
werden, dass eine isolierte Betrachtung einzelner Inhaltsstoffe von Kräutern
und Gewürzen zur Beurteilung des gesundheitlichen Gefährdungspotenzials
ungeeignet ist, denn hierbei wird nicht berücksichtigt, dass die Stoffe im natürlichen Verbund (in den Kräutern und Gewürzen) positiven Wechselwirkungen
mit anderen Inhaltsstoffen ausgesetzt sind.

Die Auslegung der Fußnotenregelung wird auf europäischer Ebene noch dis-   **323**
kutiert. Unter Verweis auf den Sinn und Zweck der Höchstmengenfestsetzung
wird erwogen, dass ein zusammengesetztes Lebensmittel neben Kräutern und
Gewürzen auch Aromen enthalten darf, sofern diese Aromen nicht zum Gehalt
an *active principles* beitragen.

> **Beispiel:**   **324**
> Enthält ein Lebensmittel zusätzlich zu Kräutern und Gewürzen ein Raucha-
> roma, so wäre es sachlich nicht gerechtfertigt, die Höchstmengenbegren-
> zung anzuwenden, denn Raucharomen tragen nicht zum Gehalt an den Stof-
> fen Estragol, Safrol oder Methyleugenol im Lebensmittel bei.

5. Inkrafttreten/Geltung. Die EU-Aromenverordnung wird in ihren wesent-   **325**
lichen Teilen 24 Monate nach ihrem Inkrafttreten gelten, also **am 20. Januar
2011.** In der Zwischenzeit sind weiterhin die Vorschriften der nationalen Aromenverordnung zu beachten.

Für **Lebensmittel, die die Zutat Zimt enthalten,** gilt daher für den zulässigen   **326**
Cumaringehalt formaljuristisch noch bis Anfang 2011 der (sehr niedrige)
Grenzwert von 2 mg/kg, der u. a. die Hersteller von feinen (traditionellen)
Backwaren vor erhebliche Probleme stellt.

IV. Die Verordnung über ein einheitliches Zulassungsverfahren

Die Verordnung über ein einheitliches Zulassungsverfahren ist für die Verwen-   **327**
der von Lebensmittelzusatzstoffen, Enzymen und Aromen von untergeordneter Bedeutung, weshalb an dieser Stelle nur kurze, allgemeine Anmerkungen
erfolgen.

Die künftigen Gemeinschaftslisten für Zusatzstoffe, Enzyme und Aromastoffe   **328**
setzen ein **einheitliches Bewertungs- und Zulassungsverfahren** voraus, dass
durch die Zulassungsverordnung etabliert werden soll. Das Zulassungsverfahren wird sich auf eine Risikobewertung der Stoffe durch die EFSA und ein Risikomanagement stützen. Die Gemeinschaftslisten unterliegen einer kontinu-
ierlichen Aktualisierung; damit ist die Aufnahme oder Streichung eines Stoffes
in eine Gemeinschaftsliste oder die Hinzufügung, Streichung oder Änderung

von Bedingungen, Spezifikationen oder Einschränkungen im Zusammenhang mit einem Stoff in der Gemeinschaftsliste gemeint.

329   Während die Bedingungen für die Zulassung in den jeweiligen sektoralen Verordnungen geregelt sind, enthält die Zulassungsverordnung die **Verfahrensvorschriften**, die zu beachten sind. Das Verfahren kann auf Initiative der Kommission oder auf Antrag eines Mitgliedstaates oder einer betroffenen Person eingereicht werden. Details der Zulassungsverfahren werden in Durchführungsvorschriften festgelegt, die jedoch erst 24 Monate nach Erlass der sektoralen Vorschriften von der Kommission erlassen werden. Die Durchführungsvorschriften betreffen z. B. Inhalt, Aufmachung und Vorlage eines Antrages, die Modalitäten der Prüfung der Zulässigkeit des Antrages sowie die Art der Information, die im Gutachten der Behörde enthalten sein muss.

→ Weiterführende Informationen:
4. Kapitel   **V. Überblick über die Anreicherungsverordnung**
4. Kapitel   **VI. Überblick über die Novel-Food-Verordnung**

5. Kapitel   **Rückstände und Kontaminanten**

Die stoffliche Beschaffenheit von Lebensmitteln ist für deren Verkehrsfähigkeit **330** von besonderer Bedeutung. Während die mikrobiologische Beschaffenheit von Lebensmitteln in erster Linie Gegenstand des Hygienerechts ist (hierzu unten, Rn. 354 ff.), regeln die Vorschriften über Rückstände, Schadstoffe und Kontaminanten einen Bereich, der vom Lebensmittelhersteller am Ende der Lieferkette nur schwierig zu beherrschen ist. So kann die Beschaffenheit der Rohware zum einen von Stoffen beeinflusst werden, die einem Lebensmittel **nicht absichtlich zugesetzt** wurden (Beispiel: Schimmelpilze, Schwermetalle). In diesem Fall spricht man von sog. **Kontaminanten**. Sie können aus der Umwelt stammen (Luft, Wasser, Boden), während des Herstellungsprozesses in das Lebensmittel gelangen (z. B. aus technischen Geräten) oder auch bei der Verarbeitung im Lebensmittel direkt entstehen (Beispiel Acrylamid). Reste von Stoffen, die einem Lebensmittel **absichtlich zugesetzt** wurden, werden **Rückstände** genannt (Beispiel: Pflanzenschutzmittel oder Tierarzneimittel, die im Enderzeugnis noch vorhanden sind). Kontaminanten und Rückstände sind in Lebensmitteln grundsätzlich unerwünscht, können aber in vielen Fällen nicht völlig vermieden werden. Gleichwohl wird im Sinne des gesundheitlichen Verbraucherschutzes eine Minimierung angestrebt. Ziel aller Beteiligten in der Lebensmittelkette ist es, die Gehalte an unerwünschten Stoffen in Lebensmitteln so gering wie möglich zu halten. Der Gesetzgeber versucht, durch die Festsetzung von Höchstmengen eine Gesundheitsgefährdung der Verbraucher auszuschließen. Die wichtigsten Regelungswerke sind in diesem Zusammenhang die Verordnung (EG) Nr. 396/2005 über Höchstgehalte an Pestizidrückständen in oder auf Lebens- und Futtermitteln pflanzlichen und tierischen Ursprungs („Pestizidverordnung") und die Verordnung (EG) Nr. 1881/2006 zur Festsetzung der Höchstgehalte für bestimmte Kontaminanten in Lebensmitteln („EU-Kontaminantenverordnung'). Auf sie soll im Folgenden eingegangen werden.

I.   Pestizidverordnung

331   Die Pestizidverordnung legt in den Mitgliedstaaten verbindliche Höchstgehalte für Pestizidrückstände, die sich in oder auf Lebens- und Futtermitteln befinden, fest. Die Verordnung ist nicht allgemein auf alle Lebensmittel anwendbar, sondern **nur auf die in Anhang I genannten Erzeugnisse oder Teile davon**, die als frisches, verarbeitetes und/oder zusammengesetztes Lebens- oder Futtermittel verwendet werden sollen, in oder auf denen sich Pestizidrückstände befinden können (Art. 2 Abs. 1 Pestizidverordnung; Anhang I nennt viele Arten von Früchten, Gemüse, Hülsenfrüchten, Ölsaaten, Ölfrüchte, Getreide, Tee, Kaffee, Kakao, Hopfen, Gewürze, Zuckerpflanzen und Erzeugnisse tierischen Ursprungs wie Fleisch, Milch, Eier, Honig, etc.). Die Verordnung gilt nur dann nicht für unter die in Anhang I genannten Erzeugnisse, wenn diese nachweislich für die Herstellung von anderen Erzeugnissen als Lebens- oder Futtermittel, zur Aussaat oder zur Anpflanzung oder für nach einzelstaatlichem Recht zugelassene Tätigkeiten für Untersuchungen von Wirkstoffen bestimmt sind (Art. 2 Abs. 2 Pestizidverordnung).

332   Seit dem 1. September 2008 gelten **gemeinschaftsweit einheitliche Pestizid-Rückstandshöchstgehalte** in und auf Lebensmitteln und Futtermitteln. Festgesetzt wurden einige zehntausend Rückstandshöchstgehalte für Wirkstoff/Erzeugnis-Kombinationen. Die neuen Werte führten sowohl zu Erhöhungen als auch zu Reduzierungen im Vergleich zu den bisher in Deutschland geltenden Höchstgehalten. Rückstandshöchstgehalte waren bis zur Geltung der Pestizidverordnung in der Europäischen Gemeinschaft nur für eine Reihe von Pestizid-Wirkstoffen in oder auf bestimmten Erzeugnissen in vier verschiedenen Richtlinien festgelegt. Darüber hinaus sahen mitgliedstaatliche Regelungen eine Vielzahl von nationalen, oft unterschiedlichen Höchstgehaltsregelungen vor. Dies führte nicht nur zu Handelshemmnissen, sondern erweckte teilweise auch den Anschein, dass Lebensmittel tierischen oder pflanzlichen Ursprungs mit erhöhten – gesundheitsschädlichen – Rückstandshöchstgehalten in Verkehr gebracht wurden.

333   Die Harmonisierung wurde Anfang 2005 mit dem Erlass der Pestizidverordnung eingeleitet. Für Lebensmittelhersteller sind zwei wichtige Grundsätze zu beachten:

- Im Kern verbietet die Verordnung das **Inverkehrbringen** von Lebensmitteln und Futtermitteln, die die in der Verordnung festgesetzten Rückstandshöchstgehalte überschreiten.
- Daneben ist es verboten, unter Anhang I fallende Erzeugnisse, die die festgesetzten Rückstandshöchstgehalte überschreiten, im Hinblick auf ihr Inverkehrbringen als Lebens- oder Futtermittel oder ihre Verfütterung an Tiere **zu verarbeiten** und/oder **zu Verdünnungszwecken** mit dem gleichen Erzeugnis oder mit anderen Erzeugnissen **zu mischen** (vgl. Art. 19 der Pestizidverordnung).

Weiterhin legt die Verordnung u. a. Verfahren zur Festsetzung der Rückstandshöchstgehalte fest. Eine zentrale Rolle kommt dabei der EFSA zu. Von der Verordnung erfasst sind die in Anhang I aufgeführten Erzeugnisse sowie Teile davon, die als frisches, verarbeitetes und/oder zusammengesetztes Lebensmittel oder Futtermittel verwendet werden. **334**

Wesentliche Teile der Pestizidverordnung gelten seit dem 1. September 2008; zu diesem Zeitpunkt traten die Anhänge II, III und IV in Kraft, die mit der Verordnung (EG) Nr. 149/2008 der Kommission vom 29. Januar 2008 festgelegt worden waren. Der Inhalt der Anhänge ist wie folgt gegliedert: **335**

- Anhang II enthält im Wesentlichen die bisher in den Richtlinien 86/362/EWG, 86/363/EWG und 90/642/EWG festgelegten Rückstandshöchstmengen.
- Anhang III Teil A enthält vorläufige Rückstandshöchstgehalte für Wirkstoffe, für die in den Richtlinien 86/362/EWG, 86/363/EWG und 90/642/EWG keine Rückstandshöchstgehalte festgelegt waren.
- Anhang III Teil B listet vorläufige Rückstandshöchstgehalte für Erzeugnisse auf, die nicht in Anhang I der Richtlinien 86/362/EWG, 86/363/EWG und 90/642/EWG aufgeführt sind.
- Anhang IV enthält acht Wirkstoffe von Pflanzenschutzmitteln, die gemäß der Richtlinie 91/414/EWG bewertet wurden und für die keine Rückstandshöchstgehalte erforderlich sind.

In der veröffentlichten Form sind die Anhänge sehr leserunfreundlich und erstrecken sich über insgesamt 398 Seiten. Unter der Internetadresse http://ec.europa.eu/food/plant/protection/pesticides/index_en.htm hat die Kommission die Anhänge in Form von leichter handhabbaren Excel-Tabellen auf ihre Homepage gestellt. Verbindlich sind allerdings nur die im Amtsblatt veröffentlichten Fassungen der Anhänge.

336   Seit dem 1. September 2008 gilt der **allgemeine Höchstgehalt von 0,01 mg/kg für Pestizidwirkstoffe** gemeinschaftsweit. Der Wert wurde aus der deutschen Rückstands-Höchstmengenverordnung übernommen und ist dann anwendbar, wenn **kein spezifischer Wert festgelegt** wurde und der Wirkstoff nicht in Anhang IV aufgeführt ist. Dieser Standardwert hat z. B. Bedeutung bei nicht zugelassenen Wirkstoffen. Für einen Wirkstoff können unter Berücksichtigung der routinemäßigen Analysemethoden auch von 0,01 mg/kg abweichende Standardwerte festgelegt werden; diese werden künftig im Anhang V aufgeführt.

337   Mit dem Inkrafttreten der Anhänge II, III und IV der Pestizidverordnung nach dem 1. September 2008 sind viele Höchstgehalte der deutschen **Rückstands-Höchstmengenverordnung** (Verordnung über Höchstmengen an Rückständen von Pflanzenschutz- und Schädlingsbekämpfungsmittel, Düngemitteln und sonstigen Mitteln in oder auf Lebensmitteln und Tabakerzeugnissen – RHmV) obsolet geworden. Hinsichtlich der Rückstandshöchstgehalte von Pestizidwirkstoffen überlagern die europäischen Vorschriften seit dem 1. September 2008 entgegenstehende nationale Regelungen. Wenige Höchstgehalte der RHmV bleiben allerdings weiterhin einschlägig, so z. B. Rückstandshöchstgehalte für **Safener** (Zusatzstoffe in Herbiziden, die den Abbau der Aktivsubstanz in der Kulturpflanze beschleunigen) **und Synergisten** (Stoffe, die die Wirkung des Wirkstoffs in einem Pflanzenschutzmittel verstärken) von Pflanzenschutzmitteln, die in der Pestizidverordnung derzeit nicht geregelt sind.

338   Besonderheiten gelten für Ermittlung der jeweils geltenden Rückstandshöchstgehalte bei **bestimmten verarbeiteten und/oder zusammengesetzten Erzeugnissen.** Sofern in den Anhängen II oder III für diese Erzeugnisse keine besonderen Rückstandshöchstgehalte festgelegt worden sind, gelten die Rückstandshöchstgehalte, die in Art. 18 Absatz 1 für das unter Anhang I fallende entsprechende Erzeugnis festgelegt sind, wobei durch die Verarbeitung und/oder das Mischen bewirkte Veränderungen der Pestizidrückstandsgehalte zu berücksichtigen sind. Dies soll an folgendem **Beispiel** erläutert werden:

339   **Beispiel:**
In der Pestizidverordnung sind Höchstwerte für Rückstände in frischen Kräutern festgelegt. Da jedoch häufig getrocknete Kräuter verarbeitet und in Verkehr gebracht werden, ist zur Beurteilung von Pflanzenschutzmittelrückständen auf das frische Kraut umzurechnen. Damit einheitliche Beurteilungsmaßstäbe angelegt werden können, hat der Europäische Verband der Gewürzindustrie, ESA, **Trocknungsfaktoren** vorgeschlagen. Diese Trock-

nungsfaktoren basieren auf Literaturdaten und sind mit Daten aus Firmenlabors verglichen worden; sie sind in der DLR (Ausgabe November/Dezember 2008, S. 57 ff.) veröffentlicht und stehen auch auf der Internetseite der ESA (unter www.esa-spices.org > Documents > Dehydration Factors for Products of the Spice Industry) zur Verfügung. Die Pestizidverordnung sieht die Möglichkeit vor, Trocknungsfaktoren in den Anhang aufzunehmen; ein entsprechender Vorschlag der ESA liegt der Kommission bereits vor.

Mit der nunmehr abgeschlossenen Harmonisierung des Rückstandshöchst- **340** mengenrechts hat die nationale RHmV erheblich an Bedeutung verloren; ihre Regelungen gewährleisten nunmehr in erster Linie die Durchsetzung der europäischen Vorschriften.

Mit der letzten Änderung der RHmV wurde ein § 1a eingefügt, der die Rück- **341** standshöchstgehalte der Pestizidverordnung einschließlich derjenigen für verarbeitete und zusammengesetzte Erzeugnisse in die RHmV einbindet. Durch den Verweis auf Art. 18 Absatz 1 Buchstabe a oder Buchstabe b Satz 1, jeweils auch in Verbindung mit Art. 20 Absatz 1 (Verarbeitung), der Verordnung (EG) Nr. 396/2005 wird die jeweils aktuelle Fassung der Anhänge II bis IV der genannten Verordnung erfasst.

Die Nichteinhaltung von den in der RHmV geregelten Rückstandshöchstgehal- **342** ten ist über die §§ 59, 60 LFGB **straf- oder bußgeldbewehrt**. Somit sind auch Überschreitungen der in der Pestizidverordnung geregelten Rückstandshöchstgehalte mittelbar erfasst.

II. Kontaminantenverordnung

Gemeinschaftsrechtlich harmonisierte Regelungen über Kontaminanten in Le- **343** bensmitteln waren zunächst in der Verordnung (EG) Nr. 466/2001 zur Festsetzung der Höchstgehalte für bestimmte Kontaminanten in Lebensmitteln geregelt. Infolge mehrfacher Änderungen und der Feststellung der Kommission, dass die Verordnung in einigen Punkten missverständlich formuliert war, wurde die Verordnung im Jahr 2006 durch die Verordnung (EG) Nr. 1881/2006 zur Festsetzung der Höchstgehalte für bestimmte Kontaminanten in Lebensmitteln (EU-Kontaminantenverordnung) ersetzt. Die Verordnung enthält Regelungen in Bezug auf die folgenden Kontaminanten:

- Nitrat
- Mykotoxine
- Metalle
- 3-MCPD
- Dioxine und PCB
- Polyzyklische aromatische Kohlenwasserstoffe (PAK).

344 Systematisch ist die EU-Kontaminantenverordnung mit der Pestizidverordnung vergleichbar. So sieht der Anhang keine allgemeingültigen Grenzwerte für die genannten Kontaminanten vor, sondern nur für die dort ausdrücklich genannten Lebensmittel. Art. 1 der EU-Kontaminantenverordnung bestimmt, dass die im Anhang aufgeführten Lebensmittel nicht in den Verkehr gebracht werden dürfen, wenn sie einen der im Anhang aufgeführten Kontaminanten in einer Menge enthalten, die den im Anhang festgelegten Höchstgehalt überschreitet. Dabei wird klargestellt, dass die im Anhang angegebenen Höchstgehalte nur für den essbaren Teil der dort genannten Lebensmittel gelten.

345 Ebenso wie die Pestizidverordnung berücksichtigt die EU-Kontaminantenverordnung den Umstand, dass sich der Gehalt an Kontaminanten in einem Lebensmittel durch **Trocknung, Verdünnung und Verarbeitung** verändern kann. Die Verordnung weist dem Lebensmittelunternehmer in Art. 2 die Verantwortung zu, im Fall einer amtlichen Kontrolle die spezifischen **Konzentrations- oder Verdünnungsfaktoren** für die betreffenden Trocknungs-, Verdünnungs-, Verarbeitungs- und/oder Mischverfahren oder für die betreffenden getrockneten, verdünnten, verarbeiteten und/oder zusammengesetzten Lebensmittel **mitzuteilen und zu begründen**. Für den Fall, dass der Lebensmittelunternehmer den betreffenden Konzentrations- oder Verdünnungsfaktor nicht mitteilt oder mitteilen kann, legt die Behörde selbst einen Faktor fest, den sie auf Grundlage der verfügbaren Informationen und mit dem Ziel, den größtmöglichen Schutz der menschlichen Gesundheit zu erreichen, ermittelt. Die gleiche Möglichkeit besteht, wenn die Behörde den Faktor aufgrund der gegebenen Begründung als ungeeignet ansieht.

346 Gemäß Art. 2 werden bei der Anwendung der im Anhang festgelegten Höchstgehalte auf getrocknete, verdünnte, verarbeitete oder aus mehr als einer Zutat bestehende Erzeugnisse folgende Faktoren berücksichtigt:
- Veränderungen in der Konzentration des Kontaminanten durch das Trocknungs- oder Verdünnungsverfahren,
- Veränderungen in der Konzentration des Kontaminanten durch die Verarbeitung,

- die relativen Anteile der Zutaten im Erzeugnis,
- die analytische Bestimmungsgrenze.

Im Bereich der Kräuter und Gewürze bietet es sich an, im Fall einer amtlichen **347** Kontrolle ebenfalls auf die von der ESA vorgeschlagenen Trockungsfaktoren (s. Rn. 339) zu verweisen.

Art. 3 der EU-Kontaminantenverordnung gebietet dem Lebensmittelunterneh- **348** mer – ähnlich wie die Pestizidverordnung – Folgendes:

- Lebensmittel, bei denen die im Anhang festgelegten Höchstgehalte nicht eingehalten werden, dürfen nicht als Lebensmittelzutaten verwendet werden.
- Lebensmittel, bei denen die im Anhang festgelegten Höchstgehalte eingehalten werden, dürfen nicht mit Lebensmitteln vermischt werden, die diese Höchstgehalte überschreiten.
- Lebensmittel, die einer Sortierung oder einer anderen physikalischen Behandlung zur Reduzierung der Kontamination unterzogen werden sollen, dürfen nicht mit Lebensmitteln vermischt werden, die zum direkten menschlichen Verzehr oder zur Verwendung als Lebensmittelzutat bestimmt sind.
- Lebensmittel, die in Abschnitt 2 des Anhangs (Mykotoxine) aufgeführte Kontaminanten enthalten, dürfen nicht durch chemische Behandlung entgiftet werden.

Im Hinblick auf die Durchführung der amtlichen Lebensmittelüberwachung **349** wird die EU-Kontaminantenverordnung durch die Verordnung (EG) Nr. 1883/ 2006 zur Festlegung der **Probenahmeverfahren und Analysemethoden** für die amtliche Kontrolle der Gehalte von Dioxinen und dioxinähnlichen PCB in bestimmten Lebensmitteln und die Verordnung (EG) Nr. 333/2007 zur Festlegung der Probenahmeverfahren und Analysemethoden für die amtliche Kontrolle des Gehalts an Blei, Cadmium, Quecksilber, anorganischem Zinn, 3-MCPD und Benzo(a)pyren in Lebensmitteln ergänzt.

Neben der EU-Kontaminantenverordnung hat die **nationale Kontaminanten-** **350** **verordnung** (Nationale Verordnung zur Begrenzung von Kontaminanten in Lebensmitteln – Kontaminanten-Verordnung – KmV) lediglich eine eingeschränkte Bedeutung. Sie enthält Regelungen für bestimmte Mykotoxine (Aflatoxine, Ochratoxin A), Nitrat, halogenierte Lösungsmittel und nichtdioxinähnliche PCB in Lebensmitteln und führt Regelungen zu Höchstgehalten, Probenahme- und Analysenmethoden sowie Straftaten und Ordnungswidrigkeiten, die bislang auf verschiedene Verordnungen verteilt waren, in einer Verordnung zusammen. Die KmV ergänzt die EU-Kontaminantenverordnung, indem sie für Kontaminanten in bestimmten Produkten, für die kein Höchstgehalt auf EU-Ebene gilt, einen nationalen Höchstgehalt festlegt. Bei getrockneten, verdünnten, verarbeiteten und zusammengesetzten Lebensmitteln sind aber die Regelungen der EU-Kontaminantenverordnung für diese Produkte zu berücksichtigen.

III. Abgrenzungsfragen

351   Die Einordnung unerwünschter Stoffe, die in einem Lebensmittel nachgewiesen werden, ist nicht immer eindeutig. So wurde im Jahr 2008 **Nikotin in Steinpilzen** nachgewiesen. Bislang konnte nicht eindeutig geklärt werden, ob das Vorhandensein von Nikotin auf die Verwendung von Nikotin als Pestizid zurückzuführen ist oder ob das Nikotin in Steinpilzen natürlicherweise gebildet wird. Selbst eine Kontamination der Pilze durch Nikotin an den Händen rauchender Pilzsammler konnte nicht ausgeschlossen werden. Abgesehen davon, dass für eine Verwendung von Nikotin als Insektizid wenig spricht (die Pilze würden hierdurch optisch und geschmacklich erheblich beeinträchtigt), hätte die Anwendung der Pestizidverordnung auf den Sachverhalt weit reichende Folgen: Mit Geltung des allgemeinen Höchstgehalts von 0,01 mg/kg für Pestizidwirkstoffe wäre der ganz überwiegende Teil der in der EU befindlichen Steinpilze nicht mehr verkehrsfähig gewesen – auch vor dem Hintergrund der eher mäßigen Verzehrsmengen von Steinpilzen ein unverhältnismäßiges Ergebnis. Die Einordnung ist entscheidend, denn der Pestizidgrenzwert kann auf Kontaminanten nicht angewendet werden: Der europäische Gesetzgeber hat zwischen Pestiziden und Kontaminanten eine klare Unterscheidung getroffen.

352   Im Fall der **Steinpilze** wurden aufgrund der unklaren Sachlage auf europäischer Ebene zunächst vorläufige „Guidelines" verabschiedet:
- Frische Wildpilze mit Nikotingehalten von mehr als 0,04 mg/kg und getrocknete Wildpilze außer Steinpilzen mit Nikotingehalten von mehr als 1,2 mg/kg dürfen nicht vermarktet werden bzw. sind vom Markt zurückzunehmen und sicher zu beseitigen.
- Getrocknete Steinpilze mit Nikotingehalten von mehr als 2,3 mg/kg dürfen nicht vermarktet werden bzw. sind vom Markt zurückzunehmen und sicher zu beseitigen.

- Die Mitgliedstaaten führen Überwachungen durch, um natürliche Gehalte und unvermeidbare Hintergrundbelastungen von Nikotin in verschiedenen Wildpilzen aus unterschiedlichen Herkünften festzustellen.

Das Beispiel verdeutlicht: Im Bereich der Rückstände und Kontaminanten sind **353** Lebensmittelwirtschaft, Überwachung und Politik häufig mit unerwarteten und bislang nicht geregelten Sachverhalten konfrontiert, die eine pragmatische Lösung mit Augenmaß erfordern. Im Fall des Nikotins wurde schließlich eine Änderung der Pestizidverordnung beschlossen, die nun auch für Nikotin in wilden Pilzen Höchstmengen vorsieht. Ein Kompromiss, denn obwohl in Erwägungsgrund 8 der Änderungsverordnung (EU) Nr. 765/2010 festgestellt wird, dass das Vorhandensein von Nikotin in wilden Pilzen unvermeidlich ist, geht die EU-Kommission systematisch vom Vorliegen eines Pestizidrückstandes aus.

6. Kapitel   Grundlagen des Hygienerechts

354   „Hygiene ist nicht alles – aber ohne Hygiene ist alles nichts" lautet ein geflügeltes Wort in der Lebensmittelwirtschaft. Und tatsächlich kann der Beitrag, den verbesserte Hygienemaßnahmen zur Lebensmittelsicherheit geleistet haben, nicht hoch genug eingeschätzt werden. Das Hygienerecht der EU ist seit dem 1. Januar 2006 durch drei zentrale Verordnungen geregelt, mit der die vorher bestehende Vielzahl einzelstaatlicher Hygieneregelungen obsolet geworden ist:
- Verordnung (EG) Nr. 852/2004 über Lebensmittelhygiene,
- Verordnung (EG) Nr. 853/2004 mit spezifischen Vorschriften für Lebensmittel tierischen Ursprungs,
- Verordnung (EG) Nr. 854/2004 mit Vorschriften über die amtliche Überwachung von Erzeugnissen tierischen Ursprungs.

355   Ergänzt wird dieses „**Hygienepaket**" durch entsprechende Durchführungs- und Übergangsvorschriften der Europäischen Kommission sowie durch eine Verordnung der Kommission mit mikrobiologischen Kriterien für Lebensmittel, die ebenfalls seit dem 1. Januar 2006 gilt.

356   Die wichtigsten Aspekte des Hygienerechts sollen nachfolgend dargestellt werden.

I.   Verordnung über Lebensmittelhygiene

357   Die Verordnung (EG) Nr. 852/2004 über Lebensmittelhygiene ist die **grundlegende hygienerechtliche Vorschrift** und gilt prinzipiell für alle Betriebe in der Lebensmittelkette; dies umfasst auch den Bereich der Urproduktion.

358   **1. Hygienerechtliche Grundsätze.** Die **wichtigsten hygienerechtlichen Grundsätze** sind in Art. 1 festgelegt:
- Die Hauptverantwortung für die Sicherheit eines Lebensmittels liegt beim Lebensmittelunternehmer.
- Die Sicherheit der Lebensmittel muss auf allen Stufen der Lebensmittelkette, einschließlich der Primärproduktion, gewährleistet sein.

110

- Bei Lebensmitteln, die nicht ohne Bedenken bei Raumtemperatur gelagert werden können, insbesondere bei gefrorenen Lebensmitteln, darf die Kühlkette nicht unterbrochen werden.
- Die Verantwortlichkeit der Lebensmittelunternehmer sollte durch die allgemeine Anwendung von auf den HACCP-Grundsätzen beruhenden Verfahren in Verbindung mit einer guten Hygienepraxis gestärkt werden.
- Auf der Grundlage wissenschaftlicher Risikobewertungen sind mikrobiologische Kriterien und Temperaturkontrollerfordernisse festzulegen.
- Es muss sichergestellt werden, dass eingeführte Lebensmittel mindestens denselben oder gleichwertigen Hygienenormen entsprechen wie in der Gemeinschaft hergestellte Lebensmittel.

Der zentrale **Begriff der „Lebensmittelhygiene"** wird in Art. 2 Abs. 1 a) wie folgt definiert: Alle Maßnahmen und Vorkehrungen, die notwendig sind, um Gefahren unter Kontrolle zu bringen und zu gewährleisten, dass ein Lebensmittel unter Berücksichtigung seines Verwendungszwecks für den menschlichen Verzehr tauglich ist. **359**

Aus den hygienerechtlichen Grundsätzen folgt, dass Lebensmittelunternehmer sicherstellen müssen, dass auf allen ihrer Kontrolle unterstehenden Produktions-, Verarbeitungs- und Vertriebsstufen die geltenden Hygienevorschriften erfüllt werden (**allgemeines Hygienegebot**). Hinsichtlich des Umfangs der Anforderungen unterscheidet die Hygieneverordnung zwischen Primärproduktion (Art. 4 i. V. m. Anhang I) und Weiterverarbeitung (Art. 4 i. V. m. Anhang II). Die grundlegende – letztlich selbstverständliche – Anforderung an Weiterverarbeiter von Lebensmitteln lautet: „**Betriebsstätten, in denen mit Lebensmitteln umgegangen wird, müssen sauber und stets instand gehalten sein** (Anhang II Kapitel I 1. der Verordnung (EG) Nr. 852/2004)". Diese Grundregel hat der Verordnungsgeber teilweise im Detail geregelt. Besondere Anforderungen bestehen unter anderem für Räume, in denen Lebensmittel zubereitet, behandelt oder verarbeitet werden, für den Transport, für Arbeitsgeräte, für Lebensmittelabfälle, die Wasserversorgung, die persönliche Hygiene, das Temperaturmanagement sowie das Verpacken von Lebensmitteln. Da die Vorgaben naturgemäß nicht jeden Einzelfall berücksichtigen können, sind in der Praxis häufig Auslegungsfragen zu klären. Eine Hilfestellung leistet dabei die **Allgemeine Verwaltungsvorschrift (AVV) Lebensmittelhygiene**, die viele hygienerechtliche Anforderungen konkretisiert. **360**

111

361

> **Beispiel:**
> Im Rahmen einer Betriebsbesichtigung bemängelt der Lebensmittelkontrolleur, dass sich im Produktionsbereich geöffnete Pappkartons mit Rohwaren befinden. Der Lebensmittelunternehmer weist darauf hin, dass die Kartons 1. sauber seien und 2. im Produktionsbereich lediglich geöffnet und ausgepackt werden.
> Dem Anhang II Kapitel IX der Verordnung (EG) Nr. 852/2004 kann zum Umgang mit Lebensmitteln lediglich entnommen werden, dass diese auf allen Stufen der Erzeugung, der Verarbeitung und des Vertriebs vor Kontaminationen zu schützen sind, die sie für den menschlichen Verzehr ungeeignet oder gesundheitsschädlich machen bzw. derart kontaminieren, dass ein Verzehr in diesem Zustand nicht zu erwarten wäre. Mit dem Einwand, die Kartons seien „sauber", wird der Unternehmer keinen Erfolg haben: Kartonagen gelten nach der AVV Lebensmittelhygiene als kontaminiert, da sie oft über längere Strecken transportiert werden und Verschmutzungen wahrscheinlich sind. Wellpappen gelten zudem als mögliche Einschleppungsursache für Schaben. Daher besteht Einigkeit darüber, dass unverpackte Lebensmittel nicht gemeinsam mit Kartonagen gelagert werden sollten. Auch wenn der Unternehmer die Kartons im Beispielsfall nicht im Produktionsraum „lagert", wird er dennoch darlegen müssen, dass eine nachteilige Beeinflussung der unverpackten Lebensmittel ausgeschlossen ist.

362 **2. Die Bedeutung der HACCP-Grundsätze.** Die Verordnung (EG) Nr. 852/2004 verlangt vom Lebensmittelunternehmer, „ein oder mehrere ständige Verfahren, die auf HACCP-Grundsätzen beruhen, einzurichten, durchzuführen und aufrecht zu erhalten". Dies muss er gegenüber der zuständigen Behörde auf Verlangen auch nachweisen können. Die HACCP-Grundsätze sind in Art. 5 der Verordnung näher beschrieben und können wie folgt umrissen werden:

- In einem ersten Schritt sind die **Gefahren zu ermitteln**, die vermieden, ausgeschaltet oder auf ein akzeptables Maß reduziert werden müssen.
- Sodann müssen die **kritischen Kontrollpunkte** bestimmt werden, auf denen eine Kontrolle notwendig ist, um eine Gefahr zu vermeiden, auszuschalten oder auf ein akzeptables Maß zu reduzieren.
- Die Entscheidung der Frage, wann Maßnahmen zur Vermeidung, Beseitigung oder Reduzierung von Gefahren zu ergreifen sind, hat auf **festgelegten Grenzwerten** zu beruhen; anhand dieser Grenzwerte wird zwischen akzeptablen und nicht akzeptablen Werten unterschieden.
- Die kritischen Kontrollpunkte werden durch Verfahren überwacht, die **der Lebensmittelunternehmer festzulegen hat.** Für den Fall, dass die Überwa-

chung zeigt, dass ein kritischer Kontrollpunkt nicht unter Kontrolle ist, müssen Korrekturmaßnahmen festgelegt werden.

- Die Einhaltung der Grundsätze ist regelmäßig **zu verifizieren und zu dokumentieren.** Wenn Veränderungen am Erzeugnis, am Herstellungsprozess oder in den Produktionsstufen vorgenommen werden, so überprüft der Lebensmittelunternehmer das Verfahren und passt es entsprechend an.

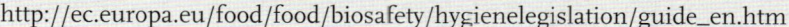

Zur Erleichterung der Anwendung des HACCP-Konzepts hat die Europäische Kommission den Entwurf eines Leitfadens für die Umsetzung von HACCP-gestützten Verfahren und zur Erleichterung der Umsetzung der HACCP-Grundsätze in bestimmten Lebensmittelunternehmen vorgelegt, der besonders kleinen, handwerklich organisierten Betrieben wertvolle Hilfestellung leisten kann. Der Leitfaden nimmt eine Einteilung in Risikoklassen vor und unterscheidet zwischen industriellen Herstellern, die ein umfassendes Eigenkonzept vorlegen müssen und kleinen Betrieben oder Betrieben, in denen bei der Verarbeitung von Lebensmitteln nur geringe gesundheitliche Risiken bestehen. Der Entwurf ist in deutscher Sprache im Internet unter der nachfolgenden Adresse erhältlich:
http://ec.europa.eu/food/food/biosafety/hygienelegislation/guide_en.htm

Bei der **Festlegung der kritischen Kontrollpunkte** empfiehlt es sich, das Herstellungsverfahren schriftlich detailliert darzustellen und für jede Prozessstufe die möglichen Gefahren zu analysieren. Nach der Gefahranalyse können die kritischen Kontrollpunkte festgelegt werden, an denen die Gefahren ausgeschaltet oder auf ein vertretbares Maß vermindert werden können. Auch in kleinen Betrieben sollte ein Lebensmittelunternehmer in der Lage sein, der Lebensmittelüberwachung darzulegen, wie er die wichtigsten Eigenkontrollen durchführt (*Kulow*, Zulassung nach dem neuen EU-Hygienerecht, S. 54 ff.): **363**

- Wareneingangskontrolle;
- Rückverfolgbarkeit;
- Überwachung der Lagertemperaturen;
- Überwachung der Erhitzungsparameter;
- Reinigung und Desinfektion (z. B. Reinigungspläne);
- Betriebsinstandhaltung (insbesondere Wartung);
- Vorsorgliche und anlassbezogene Schädlingsbekämpfung;
- Nachweise nach § 43 des Infektionsschutzgesetzes;
- Personalschulungen;
- Endproduktüberprüfung (Mikrobiologie, MHD, etc.).

364   3. **Zulassung des Betriebes.** Lebensmittelunternehmer sind dazu verpflichtet, ihre Betriebe der zuständigen Behörde zu melden. „Betrieb" ist dabei jede Einheit (z. B. eine Filiale oder ein Produktionsstandort) eines Lebensmittelunternehmens (Art. 2 Abs. 1 c) Verordnung (EG) Nr. 852/2004). Bei Betrieben, die ausschließlich in den Anwendungsbereich der allgemeinen Hygieneverordnung fallen, muss eine Zulassung nicht erfolgen; erforderlich ist aber eine **Eintragung/Registrierung** des jeweiligen Betriebes bei der zuständigen Behörde. Für Betriebe, die bereits vor dem 1. Januar 2006 tätig waren und damit bei der Überwachungsbehörde „aktenkundig" sind, besteht kein weiterer Handlungsbedarf. Bei neuen Betrieben erfolgt die Information der zuständigen Lebensmittelüberwachungsbehörde oft gleichzeitig mit der Gewerbeanmeldung (vgl. Kulow, Zulassung nach dem neuen EU-Hygienerecht, S. 4). Vorsorglich sollte die Behörde unmittelbar informiert werden.

365   Einer **Zulassung** bedürfen nur solche Betriebe, für die die Zulassung nach der Verordnung (EG) Nr. 853/2004 mit speziellen Hygienevorschriften für Lebensmittel tierischen Ursprungs vorgeschrieben ist. Hierfür ist zunächst einmal entscheidend, ob ein Betrieb überhaupt in den Anwendungsbereich der Verordnung Nr. 853 fällt. Wann dies der Fall ist, wird im nachfolgenden Abschnitt näher erläutert.

II.   Spezielle Hygienevorschriften für Lebensmittel tierischen Ursprungs

366   Die Verordnung (EG) Nr. 853/2004 stellt besondere hygienische Anforderungen für Lebensmittel tierischen Ursprungs auf, gilt aber nicht unbesehen für alle Betriebe, in denen mit Lebensmitteln tierischen Ursprungs umgegangen wird. Daher soll der Anwendungsbereich nachfolgend näher dargestellt werden.

367   1. **Anwendungsbereich der Verordnung.** Die Verordnung mit spezifischen Vorschriften für Lebensmittel tierischen Ursprungs gilt gemäß Art. 1 sowohl für unverarbeitete als auch für verarbeitete Lebensmittel tierischen Ursprungs. **Unverarbeitete Erzeugnisse tierischen Ursprungs** sind z. B. frisches Fleisch, Hackfleisch, frische Fischereierzeugnisse, Rohmilch und ganze Eier. **Verarbeitungsprodukte tierischen Ursprungs** sind z. B. Fleischerzeugnisse (Salami, Schinken, Fleischwurst etc.), verarbeitete Fischereierzeugnisse (z. B. geräucherter oder marinierter Fisch), Milcherzeugnisse (z. B. Joghurt, Käse) und

Eiprodukte (wie z. B. Eipulver oder pasteurisiertes Vollei). Art. 1 Abs. 2 der Verordnung stellt daneben aber klar, dass **zusammengesetzte Lebensmittel** (Lebensmittel, die sowohl Erzeugnisse pflanzlichen Ursprungs als auch **Verarbeitungserzeugnisse** tierischen Ursprungs enthalten) grundsätzlich **nicht in den Anwendungsbereich der Verordnung fallen**. Die Verarbeitung wird definiert als eine wesentliche Veränderung des ursprünglichen Erzeugnisses, z. B. durch Erhitzen, Räuchern, Pökeln, Reifen, Trocknen, Marinieren, Extrahieren, Extrudieren oder eine Kombination dieser verschiedenen Verfahren (Art. 2 Abs. 1 m) der Verordnung Nr. 852). Es wird aber vorausgesetzt, dass die verwendeten Verarbeitungserzeugnisse tierischen Ursprungs im Einklang mit der Verordnung (EG) Nr. 853/2004 gewonnen wurden.

Beispiele für zusammengesetzte Lebensmittel: **368**
Lebensmittel aus verarbeitetem Fleisch und Gemüse in Konserven; Suppe, die unter Verwendung von Fleischextrakt hergestellt wurde; Pizza mit Salami.

Sofern allerdings unverarbeitetes – „frisches" – Fleisch (oder andere unverar- **369**
beitete Produkte tierischen Ursprungs) zur Herstellung von Lebensmitteln verwendet wird, ist der Anwendungsbereich der Verordnung Nr. 853/2004 eröffnet. Entscheidend ist dabei, ob das verwendete Erzeugnis tierischen Ursprungs **zu Beginn der Herstellung des zusammengesetzten Lebensmittels** unverarbeitet ist oder als Verarbeitungserzeugnis einzustufen ist. Eine etwaige Verarbeitung **während der Herstellung** des zusammengesetzten Lebensmittels ist hierfür **unbeachtlich**. Auch das **bloße Zerkleinern von (rohem) Fleisch oder Fisch** reicht als Verarbeitung im Sinne der Verordnung nicht aus.

Beispiel: **370**
Ein Lebensmittelunternehmer stellt Fertiggerichte in Konserven her. Bei der Herstellung des Gerichts „Fleischbällchen in Tomatensauce" werden zunächst die Fleischbällchen aus rohem Hackfleisch geformt, mit den übrigen Zutaten gemischt, abgefüllt und autoklaviert. Dass die Fleischbällchen während des Autoklavierens gegart und damit zu Verarbeitungserzeugnissen tierischen Ursprungs werden ist unbeachtlich: Zu Beginn der Herstellung des zusammengesetzten Lebensmittels handelte es sich um frisches Fleisch. Die Herstellung des Produkts „Fleischbällchen in Tomatensauce" fällt damit in den Anwendungsbereich der Verordnung (EG) Nr. 853/2004. Sofern der Lebensmittelunternehmer das Hackfleisch auch selbst herstellt, besteht für den Betrieb zusätzlich eine Zulassungspflicht, hierzu nachfolgend.

371   2. **Zulassung und Identitätskennzeichnung.** Bestimmte Betriebe, die in den Anwendungsbereich der Verordnung (EG) Nr. 853/2004 fallen, unterliegen der Zulassungspflicht (Art. 4 Abs. 1). Die Zulassungspflicht besteht für Betriebe, die mit Erzeugnissen umgehen, für die die Anforderungen in Anhang III der Verordnung festgelegt sind. Dabei handelt es sich unter anderem um folgende Betriebe:

- Schlachthäuser, Zerlegebetriebe, Betriebe die Hackfleisch herstellen;
- Gefrier- und Fabrikschiffe sowie Betriebe an Land, die Fischereierzeugnisse herstellen;
- Hersteller von Eiprodukten;
- Betriebe, die aus Rohmilch wärmebehandelte Milch oder Milcherzeugnisse herstellen.

372   Nicht zulassungspflichtig sind Betriebe, die lediglich Primärproduktion, Transporttätigkeiten, die Lagerung von Erzeugnissen, deren Lagerung keiner Temperaturregelung bedarf oder bestimmte Einzelhandelstätigkeiten betreiben.

373   Art. 5 der Verordnung (EG) Nr. 853/2004 regelt den Bereich der **Genusstauglichkeits- und Identitätskennzeichnung.** Die Pflicht, Erzeugnisse mit einem Genusstauglichkeitskennzeichen zu versehen, trifft lediglich die Lebensmittelunternehmer, die Erzeugnisse tierischen Ursprungs in einem **zulassungspflichtigen Betrieb** behandeln. Nur sofern die Verordnung (EG) Nr. 854/2004 die Anbringung eines Genusstauglichkeitskennzeichens nicht vorsieht, kann ein Identitätskennzeichen verwendet werden. Der **Begriff des Behandelns** ist gemeinschaftsrechtlich nicht definiert (hierzu *Zipfel/Rathke*, Lebensmittelrecht, C 172, Art. 5, Rn. 3). Die deutsche Begriffsbestimmung in § 3 Nr. 3 LFGB definiert das Behandeln als Wiegen, Messen, Um- und Abfüllen, Stempeln, Bedrucken, Verpacken, Kühlen, Gefrieren, Tiefgefrieren, Auftauen, Lagern, Aufbewahren, Befördern und jede sonstige Tätigkeit, die nicht als Herstellen oder Inverkehrbringen anzusehen ist. Es ist angezeigt, das „Verarbeiten" mit einzubeziehen, da ansonsten verarbeitete Erzeugnisse nicht nach Art. 5 zu kennzeichnen wären.

374   Abgesehen von den gesetzlich vorgeschriebenen Fällen (neben dem oben genannten Fall – zulassungspflichtiger Betrieb – nur bei der Einfuhr von Erzeugnissen tierischen Ursprungs nach Art. 6) kann ein Unternehmer sein Identitätskennzeichen freiwillig auch auf Produkten anbringen, die eigentlich gar nicht mit einem solchen Kennzeichen versehen werden müssten (vgl. Anhang II Abschnitt I Buchst. B Nr. 7 zur Verordnung (EG) Nr. 853/2004). Viele Lebensmittelunternehmer machen von dieser Möglichkeit gerne Gebrauch, da das

Identitätskennzeichen Rückschlüsse auf den Herstellungsort zulässt und vom Verbraucher verbreitet als eine Art „Qualitätssiegel" betrachtet wird (was streng genommen nicht zutrifft, da das Kennzeichen keine Aussage über die Qualität des Produkts trifft; es ist auch nicht an den Verbraucher, sondern an die amtliche Lebensmittelüberwachung gerichtet).

Beispiel: **375**

Der Lebensmittelunternehmer U ist Inhaber eines zugelassenen Betriebes, in dem Fleischerzeugnisse hergestellt werden. Daneben stellt U auch Fertiggerichte her, die sowohl pflanzliche Lebensmittel als auch Verarbeitungserzeugnisse tierischen Ursprungs enthalten. Auch diese Produkte kann U mit einem Identitätskennzeichen versehen.

III. Verordnung über die amtliche Überwachung von Erzeugnissen tierischen Ursprungs

In der Verordnung (EG) Nr. 854/2004 sind besondere Verfahrensvorschriften **376** festgelegt, die für die Überwachung von Erzeugnissen tierischen Ursprungs gelten. Die Verordnung ergänzt die Verordnung (EG) Nr. 882/2004 über amtliche Kontrollen zur Überprüfung der Einhaltung des Lebensmittel- und Futtermittelrechts. Die amtliche Überwachung sowie der Behördenaufbau sind Gegenstand eines eigenen Kapitels (siehe ⊚, Rn. 127 ff.); daher soll an dieser Stelle nur kurz auf einige spezielle Vorschriften zur hygienerechtlichen Zulassung von Betrieben hingewiesen werden:

- Bei der **Zulassung eines Betriebes** erfolgt zwingend eine Betriebsbesichtigung. Die Zulassung kann nur erteilt werden, wenn der Lebensmittelunternehmer nachgewiesen hat, dass er die Vorschriften der Verordnungen (EG) Nr. 852 und 853/2004 sowie die übrigen einschlägigen Vorschriften des Lebensmittelrechts erfüllt.
- Weiterhin regelt die Verordnung (EG) Nr. 854/2004 die Vergabe der **Zulassungsnummer**. Sie ist das zentrale Element der Identitäts- und Genusstauglichkeitskennzeichnung, besteht aus einem Kürzel für das Bundesland (z. B. „NW" für Nordrhein-Westfalen) und einer fünfstelligen Nummer. Sie wird dem Betrieb von der zuständigen Behörde zugewiesen und mit dem Zulassungsbescheid mitgeteilt. Der zugelassene Betrieb wird anschließend in ent-

sprechende Listen aufgenommen, die der Öffentlichkeit zugänglich sind. Die Zulassungsnummer ist wesentlicher Bestandteil des Identitäts- und Genusstauglichkeitskennzeichens; daneben enthalten die Kennzeichen das Länderkürzel („DE" – nach altem Recht „D" – für Deutschland) sowie das Kürzel „EG" (nach altem Recht „EWG").

377 Es ist nicht unüblich, dass Zulassungsbescheide mit **Nebenbestimmungen oder Auflagen** versehen sind. Regelmäßig enthält der Bescheid die Nebenbestimmung, dass sich der Betrieb bei der Behörde melden muss, wenn sich wesentliche Änderungen in der Verantwortlichkeit der Betriebsleitung, der baulichen Grundbeschaffenheit oder der Menge oder Art der produzierten Lebensmittel ergeben (vgl. *Kulow*, Zulassung nach dem neuen EU-Hygienerecht, S. 77). Nicht selten wird der Bescheid unter der Auflage erteilt, dass bestimmte Mängel innerhalb einer Frist beseitigt werden müssen. Ob die Mängel zur Zufriedenheit der Behörde beseitigt wurden, ist in einem erneuten Ortstermin zu klären.

IV. Verordnung über mikrobiologische Kriterien für Lebensmittel

378 Neben den drei Verordnungen des Hygienepakets hat die Verordnung (EG) Nr. 2073/2005 über mikrobiologische Kriterien im Bereich der Lebensmittelhygiene eine besondere Bedeutung. Sie enthält harmonisierte Sicherheitskriterien für die Akzeptanz von Lebensmitteln in Bezug auf das Vorhandensein bestimmter pathogener Mikroorganismen, die eine der Hauptursachen für lebensmittelbedingte Krankheiten beim Menschen sind. Unter **Mikroorganismen** sind in diesem Zusammenhang Bakterien, Viren, Hefen, Schimmelpilze, Algen und parasitäre Prozoten, mikroskopisch sichtbare Helminthen sowie deren Toxine und Metaboliten zu verstehen (Art. 2 a) Verordnung [EG] Nr. 2073/2005).

379 Die Verordnung sieht im Wesentlichen vor, dass Lebensmittelunternehmer im Rahmen ihrer Eigenverantwortung regelmäßig Probenahmen durchführen und sicherstellen, dass die hergestellten Lebensmittel den in der Verordnung geregelten Lebensmittelsicherheits- und Prozesshygienekriterien entsprechen. Die Kriterien enthalten **Grenzwerte für bestimmte Mikroorganismen** in verschiedenen Lebensmittelkategorien. Erfasst sind insbesondere auch bestimmte **verzehrfertige Lebensmittel**, die zum unmittelbaren menschlichen Verzehr bestimmt sind, ohne dass eine weitere Erhitzung oder sonstige Verarbeitung zur Abtötung von Mikroorganismen vorgesehen ist. Als Beispiel für solche Lebensmittel sind etwa Feinkostsalate und -saucen zu nennen.

Wesentlich ist die Unterscheidung zwischen Lebensmittelsicherheitskriterien und Prozesshygienekriterien: **380**

Lebensmittelsicherheitskriterien sind Kriterien, mit denen die Akzeptabilität **381** eines Erzeugnisses oder einer Partie des Lebensmittels festgelegt wird und für im Handel befindliche Erzeugnisse gelten (Art. 2 c) Verordnung (EG) Nr. 2073/ 2005). **Sofern die Untersuchung anhand der Lebensmittelsicherheitskriterien unbefriedigende Ergebnisse liefert, ist das Erzeugnis oder die Partie gemäß Art. 19 der Basisverordnung vom Markt zu nehmen oder zurückzurufen.** Sofern das Erzeugnis noch nicht in den Einzelhandel gelangt ist, ist eine weitere Verarbeitung zulässig, wenn hierdurch die entsprechende Gefahr beseitigt wird (Art. 7 Abs. 2).

Prozesshygienekriterien sind Kriterien, die die akzeptable Funktionsweise des **382** Herstellungsprozesses angeben. Sie legen einen Richtwert für Kontaminationen fest, bei deren Überschreitung Korrekturmaßnahmen des Lebensmittelunternehmers erforderlich sind, damit die Prozesshygiene in Übereinstimmung mit dem Lebensmittelrecht erhalten wird. **Prozesshygienekriterien gelten nicht für Produkte, die sich bereits im Handel befinden**, sie haben aber eine große Bedeutung für die innerbetriebliche Risikobewertung.

Die Verordnung verpflichtet den Lebensmittelunternehmer dazu, auf allen Stu- **383** fen der Herstellung, der Verarbeitung und des Vertriebs von Lebensmitteln bis hin zum Einzelhandel die die Lebensmittelsicherheits- und Prozesshygienekriterien einzuhalten und die hierfür erforderlichen Maßnahmen durchzuführen. Dadurch soll gewährleistet werden, dass die der Kontrolle der Lebensmittelunternehmer unterliegende Lieferung, Handhabung und Verarbeitung von Rohstoffen und Lebensmitteln so durchgeführt wird, dass die Prozesshygienekriterien und die während der gesamten Haltbarkeitsdauer der Erzeugnisse geltenden Lebensmittelsicherheitskriterien unter vernünftigerweise vorhersehbaren Bedingungen für Vertrieb, Lagerung und Verwendung eingehalten werden (Art. 3 Abs. 1 Verordnung (EG) Nr. 2073/2005).

Lebensmittelsicherheits- und Prozesshygienekriterien gelten auch für **Vorpro-** **384** **dukte** und bei der Einfuhr von Lebensmitteln. Zudem ist die Verordnung **nicht abschließend.** Insofern bleibt es der Lebensmittelüberwachung selbstverständlich unbenommen, Lebensmittel auch auf andere als die in der Verordnung geregelten Mikroorganismen zu untersuchen. Zusätzlich orientiert sich die amtliche Lebensmittelüberwachung weiterhin an den **Richt- und Warnwerten der DGHM** (hierzu im nachfolgenden Abschnitt).

385   **Exkurs: Die Richt- und Warnwerte der DGHM.** Mikrobiologische Werte sind nicht erst seit dem Erlass der Verordnung (EG) Nr. 2073/2005 ein Thema. Bereits seit 1988 veröffentlicht eine Arbeitsgruppe der Deutschen Gesellschaft für Hygiene und Mikrobiologie (DGHM) mikrobiologische „Richt- und Warnwerte" für die Beurteilung bestimmter Lebensmittel. Die Werte sollten ein Werkzeug für die amtliche Lebensmittelüberwachung, die Industrie und den Handel sein, um Lebensmittel aufgrund ihrer mikrobiologischen Eigenschaften beurteilen zu können.

386   Die DGHM unterscheidet zwischen Richtwerten und Warnwerten; dem Grunde nach – allerdings nicht uneingeschränkt – können sie mit den Prozesshygiene- und Lebensmittelsicherheitskriterien der Verordnung (EG) Nr. 2073/2005 verglichen werden. **Richtwerte** geben eine Orientierung, welches produktspezifische Mikroorganismenspektrum zu erwarten ist und welche Mikroorganismengehalte bei Lebensmitteln akzeptabel sind. **Warnwerte** geben Mikroorganismengehalte an, deren Überschreitung einen Hinweis darauf gibt, dass die Prinzipien der guten Hygienepraxis verletzt wurden.

387   Während die Nichteinhaltung von Lebensmittelsicherheitskriterien nach der Verordnung (EG) Nr. 2073/2005 zur Folge hat, dass das Lebensmittel als nicht sicher zu bewerten ist, trifft dies in dieser Allgemeinheit auf die **Überschreitung von Warnwerten** nicht zwingend zu. In der Präambel der Richt- und Warnwerte wird lediglich darauf hingewiesen, dass bei einer Warnwertüberschreitung von pathogenen Mikroorganismen wie Salmonellen und *Listeria monocytogenes* eine Gesundheitsgefährdung des Verbrauchers nicht auszuschließen ist. Im Übrigen muss festgestellt werden, dass die Richt- und Warnwerte seit ihrem Bestehen mehrfach verschärft wurden, freilich ohne dass sich an den Voraussetzungen für eine potenzielle Gesundheitsgefährdung des Verbrauchers überhaupt etwas geändert hätte. So sind aus einigen in der Praxis bewährten Richtwerten zwischenzeitlich Warnwerte geworden; vormals sichere Lebensmittel wären damit ohne sachlichen Grund von einem Tag auf den anderen als unsicher zu bewerten. Hieraus folgt, dass stets einzelfallbezogen zu prüfen ist, ob tatsächlich von einem nicht sicheren Lebensmittel ausgegangen werden kann; dabei ist hilfsweise auch auf ältere Fassungen der DGHM-Richt- und Warnwerte zurückzugreifen.

Mit dem Inkrafttreten der Verordnung (EG) Nr. 2073/2005 hat die praktische **388** Bedeutung der Richt- und Warnwerte abgenommen; für die verbliebenen Lücken haben sie aber weiterhin eine große praktische Bedeutung. Die Richt- und Warnwerte der DGHM können im Internet abgerufen werden: www.dghm.org/texte/Richt-%20und%20Warnwerte.pdf

V. „Mantelverordnung" zur Durchführung des gemeinschaftlichen Hygienerechts

Mit der Geltung des EU-Hygienepakets wurde das zuvor geltende nationale **389** Hygienerecht größtenteils obsolet. Der deutsche Gesetzgeber hat die erforderlichen Anpassungen des nationalen Hygienerechts im Wege einer „Mantelverordnung" (Verordnung zur Durchführung von Vorschriften des gemeinschaftlichen Lebensmittel-Hygienerechts vom 8. August 2007) umgesetzt. Mit der Mantelverordnung wurde eine Reihe von hygienerechtlichen Vorschriften angepasst und ergänzt. Die wichtigsten Vorschriften sollen zumindest kurz erwähnt werden:

- **Lebensmittel-Hygieneverordnung** (LMHV: Art. 1 der Mantelverordnung). Die Verordnung über Anforderungen an die Hygiene beim Herstellen, Handeln und Inverkehrbringen von Lebensmitteln dient der Regelung spezifischer lebensmittelhygienischer Fragen sowie der Umsetzung und Durchführung von Rechtsakten der Europäischen Gemeinschaft auf dem Gebiet der Lebensmittel-Hygiene. Von praktischer Bedeutung ist die in § 2 enthaltene Begriffsbestimmung für „leicht verderbliche Lebensmittel": Dabei handelt es sich um Lebensmittel, die in mikrobiologischer Hinsicht in kurzer Zeit leicht verderblich sind und deren Verkehrsfähigkeit nur bei Einhaltung bestimmter Temperaturen oder sonstiger Bedingungen erhalten werden kann. Für leicht verderbliche Lebensmittel sieht die LMHV besondere **Anforderungen an die Schulung** vor (§ 4). Wer leicht verderbliche Lebensmittel herstellt, behandelt oder in den Verkehr bringt, muss auf Grund einer Schulung nach Anhang II Kapitel XII Nr. 1 der Verordnung (EG) Nr. 852/2004 über besondere Fachkenntnisse verfügen. Diese sind nach Satz 1 sind auf Verlangen der zuständigen Behörde nachzuweisen. Allerdings wird die erforderliche Fachkenntnis bei Personen, die eine wissenschaftliche Ausbildung oder eine Berufsausbildung abgeschlossen haben, in der Kenntnisse

und Fertigkeiten auf dem Gebiet des Verkehrs mit Lebensmitteln einschließlich der Lebensmittelhygiene vermittelt werden, vermutet.

- **Tierische Lebensmittel-Hygieneverordnung** (Tier-LMHV; Art. 2 der Mantel-
Verordnung). Die Verordnung über Anforderungen an die Hygiene beim
Herstellen, Behandeln und Inverkehrbringen von bestimmten Lebensmit-
teln tierischen Ursprungs – deren befremdliche Kurzbezeichnung tatsächlich offiziell ist – enthält im Wesentlichen besondere **Vorschriften für die
Abgabe kleiner Mengen** bestimmter Primärerzeugnisse und Lebensmittel
tierischen Ursprungs sowie Anforderungen an den Einzelhandel. Einzelne
Regelungen betreffen das Herstellen, Behandeln und Inverkehrbringen bestimmter Lebensmittel tierischen Ursprungs. Wichtig ist der erforderliche
Warnhinweis bei Hackfleisch und Fleischzubereitungen (§ 16). Danach dürfen Hackfleisch, das aus oder unter Verwendung von Fleisch von Geflügel
oder Einhufern hergestellt worden sowie Fleischzubereitungen, die aus oder
unter Verwendung von Separatorenfleisch hergestellt worden sind, in Fertigpackungen nur mit Hinweis „Vor dem Verzehr durcherhitzen!" in den
Verkehr gebracht werden.
- **Lebensmitteleinfuhr-Verordnung** (LMEV; Art. 5 der Mantel-Verordnung).
Die Verordnung regelt im Wesentlichen die veterinärrechtlichen Kontrollen
bei der Einfuhr und Durchfuhr von Lebensmitteln tierischen Ursprungs aus
Drittländern.

7. Kapitel   Werbliche Aussagen über Lebensmittel

Ein Kapitel über Lebensmittelwerbung hat zwangsläufig diejenigen Vorschrif- **390**
ten des Lebensmittelrechts zum Gegenstand, die sich mit einer möglichen Irreführung des Verbrauchers beschäftigen. Das verständliche Bestreben von
Herstellern und Handelsunternehmen, ihre Produkte ins beste Licht zu rü-
cken, findet in zahlreichen Rechtsvorschriften seine Grenze; so fließt das lebensmittelrechtliche Grundprinzip des Schutzes vor Irreführung unter anderem auch in die Vorschriften der Zutatenkennzeichnung ein (Beispiel:
Kennzeichnung der Zutaten in absteigender Reihenfolge nach Maßgabe des
Gewichtsanteils).

Nachfolgend soll es aber vor allem um die Bereiche gehen, die **die freiwillige** **391**
Kommunikation von Unternehmen über Lebensmittel betreffen. Das Grundprinzip ist in Art. 16 Basisverordnung geregelt und wurde bereits erwähnt:
Kennzeichnung, Werbung und Aufmachung von Lebensmitteln auch in Bezug
auf ihre Form, ihr Aussehen oder ihre Verpackung, die verwendeten Verpackungsmaterialien, die Art ihrer Anordnung, den Rahmen ihrer Darbietung
sowie die über sie verbreiteten Informationen dürfen die Verbraucher nicht irreführen. Die zentrale Vorschrift im deutschen Lebensmittelrecht zum Schutz
des Verbrauchers vor Irreführung ist § 11 LFGB; auf sie soll an erster Stelle
eingegangen werden. Werbliche Aussagen mit Nährwert- oder Gesundheitsbezug sind auf europäischer Ebene in der unmittelbar geltenden „Claims-Verordnung" geregelt; auf sie wird in einem zweiten Abschnitt eingegangen. Neben
diesen speziellen lebensmittelrechtlichen Vorschriften ist bei werblichen Aussagen über Lebensmittel das Verhältnis zu Mitbewerbern zu beachten, die
einen Anspruch auf Unterlassung irreführender Aussagen haben können. Hierauf wird in einem dritten Abschnitt näher eingegangen.

I.   Das Verbot der Irreführung nach § 11 LFGB

§ 11 LFGB enthält die grundlegende Bestimmung, dass Lebensmittel nicht **392**
unter **irreführender Bezeichnung, Angabe oder Aufmachung** in Verkehr gebracht werden dürfen. Daneben darf für Lebensmittel auch nicht mit allgemein

oder im Einzelfall irreführenden Darstellungen oder sonstigen Aussagen geworben werden.

◉ → Gesetzestext §§ 11, 12 LFGB

393 1. **Irreführung.** Für die Anwendung von § 11 LFGB ist grundsätzlich zu klären, wann eine Irreführung vorliegt, wie eine Irreführung festzustellen ist und welches Verbraucherleitbild hierfür heranzuziehen ist.

394 Prinzipiell ist eine Aussage zu einem Lebensmittel irreführend, wenn eine **Divergenz zwischen der Ist- und der Sollbeschaffenheit** vorliegt. Dass sich der Verbraucher tatsächlich täuscht oder gar einen Schaden erleidet, ist nicht erforderlich. Daher ist der Begriff „irreführend" gleichbedeutend mit „zur Täuschung geeignet".

395 Die Frage, wann ein Lebensmittel nicht seiner Sollbeschaffenheit entspricht, ist schwieriger zu klären, denn hierfür kommt es maßgeblich auf die **Verkehrsauffassung** an, die – wie bereits ausgeführt wurde – nicht immer leicht zu bestimmen ist. Auf die oben genannten Kriterien (Rn. 104 ff.) kann insoweit verwiesen werden.

396 Dabei wird die Frage, ob eine Irreführung vorliegt, durch das zu Grunde liegende **Verbraucherleitbild** mitbestimmt: Je nachdem, ob man eine Aussage am Verständnishorizont eines flüchtigen, eines durchschnittlichen oder eines besonders informierten Verbrauchers misst, kann diese mal irreführend sein und mal nicht. Besonders deutlich wird dies am Beispiel der Werbeaussagen gegenüber Angehörigen der Heilberufe. Grundsätzlich ist es verboten, in der Werbung für Lebensmittel auf ärztliche Gutachten zu verweisen (§ 12 Abs. 1 Nr. 2 LFGB). Dieses Verbot wird aber in § 12 Abs. 2 LFGB durchbrochen, wenn es um Werbung gegenüber Angehörigen der Heilberufe geht: Hier geht der Gesetzgeber von einem überdurchschnittlichen Verständnishorizont aus; ein präventiver Verbraucherschutz gegenüber Angehörigen der in § 12 Abs. 2 LFGB genannten Berufsgruppen wird folglich nicht für erforderlich gehalten.

397 Nach der Rechtsprechung sowohl des BGH als auch des EuGH orientiert sich das Schutzniveau am **durchschnittlich informierten, aufmerksamen und verständigen Durchschnittsverbraucher.** Was dabei unter „verständig" zu verstehen ist, bleibt im Dunkeln; daher wird in der aktuellen Literatur zu Recht auf das Verbraucherleitbild abgestellt, wie es in Erwägungsgrund 18 der Richtlinie 2005/29/EG über unlautere Geschäftspraktiken im binnenmarktinternen Geschäftsverkehr zwischen Unternehmen und Verbrauchern beschrieben wird: Maßgeblich ist die mutmaßliche Erwartung eines Durchschnittsverbrauchers, der **angemessen gut unterrichtet und angemessen aufmerksam und kritisch ist, unter Berücksichtigung sozialer, kultureller und sprachlicher Faktoren** (hierzu *Wehlau*, § 11 LFGB, Rn. 24). Das Leitbild des flüchtigen Verbrauchers, der eine Ankündigung weder genau noch vollständig oder kritisch würdigt, ist überholt.

> **Beispiel:** **398**
> Die Aussage „deklarationsfrei" ist nicht irreführend, wenn sie vom Lieferanten gegenüber einem gewerblichen Großverbraucher gemacht wird. Es ist davon auszugehen, dass die Aussage im Großverbraucherbereich zutreffend in dem Sinne verstanden wird, dass das Lebensmittel keine deklarationspflichtigen – z. B. auf einer Speisekarte kenntlich zu machenden – Zusatzstoffe enthält.

Kommt es über die Frage, ob eine Irreführung des Verbrauchers vorliegt, zu **399** einer gerichtlichen Auseinandersetzung, wird die Verkehrsauffassung vom Tatrichter festgestellt. Häufig verzichtet der Tatrichter auf die Hinzuziehung eines **Sachverständigen**, wenn es sich um eine Frage handelt, die aufgrund eigener Lebenserfahrung und Sachkunde beurteilt werden kann (**Beispiel:** Die Frage, ob die Beschaffenheit eines Lebensmittels Ekel erregend ist, dürfte der Tatrichter ohne die Hinzuziehung von Sachverständigen beurteilen können.). Für die Beurteilung der Frage, ob die Auslobung bestimmter gesundheitlicher Wirkungen eines Lebensmittels gerechtfertigt ist, wird hingegen regelmäßig die Einholung eines Sachverständigengutachtens erforderlich sein. Allerdings ist insoweit zu beachten, dass sich das Gericht auch an den Bewertungen der EFSA orientieren können wird. Als Sachverständige kommen vor allem freie und amtliche Lebensmittelchemiker oder Veterinäre in Betracht. Die Einholung **demoskopischer Gutachten** wird nur hilfsweise erforderlich sein; dies insbesondere in Fällen, in denen alle anderen Erkenntnisgrundlagen ausgeschöpft sind und kein eindeutiges Ergebnis gewonnen werden konnte (*Meyer/Streinz*, § 11 LFGB, Rn. 36).

2. Regelbeispiele. § 11 Abs. 1 Satz 1 LFGB erfasst irreführende Bezeichnungen, **400** Angaben oder Aufmachungen, Darstellungen oder sonstige Aussagen. Über den Begriff der „Aufmachung" sind vor allem auch solche Umstände erfasst, die das äußere Erscheinungsbild des Lebensmittels ausmachen; hierzu zählen z. B. Art und Form der Verpackung.

401   Bei der Prüfung der Frage, wann eine Irreführung vorliegt, bietet der Katalog der Regelbeispiele und Verbote in § 11 Abs. 1 und 2 LFGB eine Hilfestellung; auf ihn soll im Folgenden näher eingegangen werden.

402   **a) Aussagen über Eigenschaften eines Lebensmittels.** Gegenstand des ersten, sehr umfassenden Regelbeispiels (§ 11 Abs. 1 Satz 2 Nr. 1 LFGB) sind „Eigenschaften" eines Lebensmittels. Beispielhaft werden **Art, Beschaffenheit, Zusammensetzung, Menge, Haltbarkeit, Ursprung, Herkunft oder Art der Herstellung oder Gewinnung** genannt.

- Irreführende **Aussagen über die Art des Lebensmittels** werden insbesondere dann vorliegen, wenn der Verbraucher aufgrund der Bezeichnung des Produkts davon ausgehen muss, dass er „ein anderes" Lebensmittel erwirbt. Dabei sind „Art" und „Beschaffenheit" eines Lebensmittels nicht immer klar voneinander zu trennen; oft werden gleichzeitig auch andere Fallgruppen betroffen sein. **Beispiel:** Ein als „Wiener Schnitzel" bezeichnetes Erzeugnis besteht nach den Leitsätzen für Fleisch und Fleischerzeugnisse aus Kalbfleisch. Für ein Erzeugnis aus Schweinefleisch wäre die Bezeichnung irreführend, da der Verbraucher unter der Bezeichnung ein Erzeugnis anderer Beschaffenheit, Art und Zusammensetzung erwartet. Der Vorwurf der Irreführung kann durch eine ausreichende **Kenntlichmachung der Abweichung von der Verkehrsauffassung** beseitigt werden. Die Bezeichnungen „Schnitzel Wiener Art" oder „Wiener Schnitzel vom Schwein" wären für ein aus Schweinefleisch hergestelltes Schnitzel zulässig.

- Eine Aussage über die Beschaffenheit liegt auch bei sog. „**qualitätserhöhenden Aussagen**" wie z. B. *„Delikatess"*, *„Spitzenqualität"*, *„feinste"* oder *„extra"* vor. Qualitätserhöhende Aussagen müssen zutreffend sein und sind bei Durchschnittserzeugnissen unzulässig. Eine Ware ist nur dann von überdurchschnittlicher Beschaffenheit, wenn sie gegenüber den übrigen im Verkehr befindlichen Waren vergleichbarer Art eine nicht unerhebliche Erhöhung des Nähr- oder Genusswertes aufweist und infolgedessen über das übliche Niveau herausragt (Zipfel/Rathke, Lebensmittelrecht, C102, § 11, Rn. 101).

- Die **Irreführung über die Menge eines Lebensmittels** ist zum einen dann möglich, wenn falsche oder ungenaue Quantitätsangaben gemacht werden. Die Angabe der Füllmenge richtet sich nach der Fertigpackungsverordnung und unterliegt dem Mittelwertprinzip; Abweichungen, die sich im gesetzlich festgelegten Rahmen halten, können nicht als irreführend angesehen werden. Zu den weiteren Erfordernissen der Füllmengenangabe s. Rn. 133 ff. Die Aufmachung eines Lebensmittels kann aber auch in Fällen von „**Mogel-**

packungen" irreführend sein. Dies ist dann der Fall, wenn die Aufmachung – zu der auch Form und Größe der Fertigpackung gehören – zu einer erheblichen Fehlvorstellung über die enthaltene Menge des Lebensmittels führen kann. Grundsätzlich sind Freiräume bei undurchsichtigen Fertigpackungen dann unzulässig, wenn sie **30 % und mehr des Füllvolumens** ausmachen. Bei trockenen und konzentrierten Produkten, die nach ihrer Ergiebigkeit (z. B. „*ergibt 500 ml*") gekennzeichnet sind, gilt dieser Grundsatz nicht. Da rezepturgemäß unterschiedliche Flüssigkeitsmengen zuzugeben sind, ist die Angabe der Füllmenge für den Verbraucher ohne Kenntnis der Rezeptur ohne Bedeutung, so dass ein Irrtum über die Inhaltsmenge allein aufgrund der Packungsgestaltung nicht rechtserheblich ist. Für den Verbraucher von Interesse ist allein die Information über die erzielbare Menge des Enderzeugnisses.

Falsche Vorstellungen der Verbraucher über die Menge des Inhalts einer Verpackung sind in der Regel unbeachtlich, wenn die Gestaltung der Packung **aus technischen Gründen notwendig** ist. Dies gilt z. B. für Leerräume, die aufgrund der Art des Füllguts oder infolge technischer Umstände bei der Abfüllung notwendig sind. Es reicht aber nicht aus, dass die Verpackungsgestaltung lediglich zweckmäßig ist. Um einem möglichen Vorwurf der Täuschung vorzubeugen, wird verbreitet der Hinweis „Füllhöhe technisch bedingt" verwendet. Das Gebot, dass Fertigpackungen so gestaltet und befüllt sein müssen, dass sie keine größere Füllmenge vortäuschen, als in ihnen enthalten ist, ist ausdrücklich auch in **§ 7 Abs. 2 Eichgesetz** enthalten.

- **Angaben über Ursprung und Herkunft.** Bei Angaben über Ursprung und Herkunft von Lebensmitteln ist zwischen qualifizierten und einfachen Herkunftsangaben zu unterscheiden. Bei qualifizierten Herkunftsangaben verbindet der Verkehr mit einer Herkunftsangabe besondere Gütevorstellungen. Solche Herkunftsangaben werden durch die Verordnung (EG) Nr. 510/2006 zum Schutz von geographischen Angaben und Ursprungsbezeichnungen geschützt (hierzu oben, Rn. 110 ff.). Andere Herkunftsangaben unterliegen lediglich dem allgemeinen Irreführungsverbot des § 11 LFGB. Nicht jede unzutreffende Angabe, die als Herkunftsangabe verstanden werden kann, ist irreführend: Erforderlich ist, dass die angesprochenen Verkehrskreise mit ihnen irgendwelche, wenn auch nicht immer klare, vielleicht sogar unzutreffende **Wertvorstellungen** verbinden und dass das so gekennzeichnete Erzeugnis diese Erwartungen nicht erfüllt. Solche Wertvorstellungen können mit den besonderen klimatischen oder geografischen Einflüssen des Produktionsortes, auf die außergewöhnliche Erfahrung oder Geschicklichkeit des oder der Hersteller am Ort oder auf einer in jahrhun-

127

dertealter Tradition gepflegten Herstellungsmethode beruhen (*Meyer/Streinz*, § 11 LFGB, Rn. 74).

403

Beispiel 1:

Eine Reihe von Fertiggerichten wird unter der Bezeichnung „Thüringer Köstlichkeiten" vermarktet. Der Sitz des vertreibenden Unternehmens ist in Thüringen; hergestellt werden die Produkte in der Tschechischen Republik; die Rezepturen weisen keinerlei Bezug zu Thüringen auf oder sind als „typisch thüringisch" anzusehen. Irreführend?

Wohl ja, denn die verwendete Bezeichnung der Range deutet an, dass die Produkte entweder in Thüringen hergestellt wurden oder es sich um typisch thüringische Produkte/Rezepturen handelt. Die Fehlvorstellung ist auch beachtlich, da Lebensmitteln aus der Region Thüringen und der thüringischen Küche allgemein eine besondere Wertschätzung entgegengebracht wird.

404

Beispiel 2:

Ein nordrhein-westfälischer Feinkosthersteller bringt einen „Budapester Salat" in Verkehr. Ein aufgebrachter Verbraucher beschwert sich bei der Verbraucherzentrale darüber, dass der Salat weder in Ungarn hergestellt, noch erkennbar ungarische Zutaten verwendet wurden. Eine Nachfrage beim Hersteller habe vielmehr ergeben, dass die verwendeten Gemüsepaprikaschoten aus den Niederlanden stammen. Wird die Verbraucherzentrale eine Irreführung bejahen?

Vermutlich nicht, denn es liegt ein klassischer Fall der „**Gattungsbezeichnung**" vor, die nicht die Herkunft eines Produktes beschreibt, sondern eine Warenbezeichnung ist, die das Produkt von anderen unterscheidet. Gattungsbezeichnungen können tatsächlich einmal geographische Hinweise gewesen sein (im Fall des Budapester Salats ist auch das nicht der Fall; die Angabe bezieht sich schlicht auf die Verwendung der „typisch ungarischen" Zutat Paprika, die mittlerweile häufig aus Spanien kommt). Die Besonderheit ist, dass nur noch ein ganz unbedeutender Teil der Verkehrskreise mit der Angabe einen Hinweis auf die Herkunft verbindet; die geografische Angabe hat sich in eine Gattungsbezeichnung umgewandelt.

Beispiele: Harzer Roller, Wiener Schnitzel, Mozzarella.

Beispiel 3:   **405**

Ein in Emden ansässiger Lebensmittelunternehmer stellt eine Braten-
soße mit der Bezeichnung „Büsumer Braten-Brise" her. Irreführende
Herkunftsangabe?

Nein! Auch wenn eine unzutreffende Herkunftsangabe zunächst einmal
geeignet ist, eine Fehlvorstellung des Verbrauchers hervorzurufen, so
fehlt es hier an der Relevanz einer solchen Fehlvorstellung. Weder werden
mit der Lebensmittelherstellung in Büsum besondere Wertvorstellungen
verknüpft, noch ist eine langjährige besondere Tradition der Bratenso-
ßenproduktion in Büsum festzustellen. Insofern gibt es auch keine besondere Verbrauchererwartung, die aufgrund der Produktbezeichnung
enttäuscht werden kann.

- **Unzutreffende Aussagen über die Art der Herstellung und Gewinnung** eines   **406**
  Lebensmittels können irreführend sein.

Beispiel: **407**

Die **Bezeichnung „hausgemacht"** wird regelmäßig bei der Direktvermark-
tung durch den Erzeuger verwendet. So wird eine „hausgemachte Wurst"
regelmäßig aus Fleisch hergestellt, dass aus einer Hausschlachtung
stammt. Industrielle Verarbeitungsprodukte können allenfalls mit Hinweisen wie z. B. „wie hausgemacht" in Verkehr gebracht werden. Aber
auch dies gilt nicht uneingeschränkt: Bei derart beworbenen Produkten
sind die verwendeten Zutaten besonders zu berücksichtigen. So sind
„hausgemachte Konfitüren" regelmäßig Gegenstand amtlicher Beanstandungen, wenn sie neben Zucker auch Glukosesirup enthalten. Glukosesirup ist zwar bei der Herstellung von Konfitüren und Gelees durchaus
üblich; als Industrieprodukt steht die Verwendung dieser Zutat allerdings
nicht im Einklang mit der beworbenen haushaltsmäßigen Herstellung.
Ähnlich kritisch wird die Verwendung von Zusatzstoffen bei „hausge-
machten" Produkten beurteilt, wobei dies im Fleischbereich inzwischen
überwiegend akzeptiert wird.

b) Aussagen über Wirkungen des Lebensmittels. Eine Irreführung liegt gemäß   **408**
§ 11 Abs. 1 Satz 2 Nr. 2 LFGB auch vor, wenn einem Lebensmittel Wirkungen
beigelegt werden, die ihm nach den Erkenntnissen der Wissenschaft nicht zu-
kommen oder die wissenschaftlich nicht hinreichend gesichert sind. Die Vorschrift kann keine absolute wissenschaftliche Absicherung verlangen; fachlich

umstrittene Meinungen können aber jedenfalls nicht als wissenschaftlich hinreichend gesichert angesehen werden. Die Vorschrift erfasst vor allem Aussagen über gesundheitsfördernde oder gesundheitlich unbedenkliche Lebensmittel (z. B. *„magenfreundlich"*, *„verdauungsfördernd"*, vgl. *Meyer/Streinz*, LFGB, § 11, Rn. 104).

409 c) **Aussagen über vermeintlich besondere Eigenschaften.** Irreführend sind Angaben, mit denen zu verstehen gegeben wird, dass ein Lebensmittel besondere Eigenschaften hat, obwohl alle vergleichbaren Lebensmittel dieselben Eigenschaften haben (§ 11 Abs. 1 Satz 2 Nr. 3 LFGB). Dieses Regelbeispiel verdeutlicht, dass objektiv richtige und zutreffende Aussagen über ein Lebensmittel nicht unbedingt auch zulässig sein müssen. Das Regelbeispiel ist auch unter dem Stichwort **„Werbung mit Selbstverständlichkeiten"** bekannt.

410 **Beispiel:**
Ein Eintopfgericht, das in einer Konservendose an den Endverbraucher abgegeben wird, wird mit der **Auslobung** *„ohne Zusatz von Konservierungsstoffen"* beworben. Diese Auslobung trifft auf alle Eintopfgerichte in Konserven zu, da der Zusatz von Konservierungsstoffen zu Lebensmitteln in Konserven gar nicht zugelassen ist. Es handelt sich also um die unzulässige Hervorhebung einer Selbstverständlichkeit. Der Vorwurf der Irreführung kann aber dadurch entkräftet werden, wenn die Aussage um einen klarstellenden Hinweis ergänzt wird. Üblich ist z. B. die Aussage *„Ohne Zusatz von Konservierungsstoffen laut Gesetz"*.

411 Ob eine selbstverständliche Aussage auch tatsächlich irreführend ist, bedarf gleichwohl immer einer Wertung im Einzelfall. Gerade im Großverbraucherbereich werden Lebensmittel häufig anhand von Listen ausgewählt und bestellt, in denen nicht selten die Eigenschaften der dort beworbenen Lebensmittel zur besseren Vergleichbarkeit tabellarisch nebeneinander gestellt werden. So kann dann auch durchaus einmal eine Gewürzmischung als „vegetarisch" oder ein Käse als „glutenfrei" bezeichnet sein, ohne dass hieraus der Vorwurf der Irreführung folgt: Immer kommt es auch auf den angesprochenen Adressatenkreis und die Begleitumstände an.

412 d) **Anschein eines Arzneimittels.** Irreführend ist es gemäß § 11 Abs. 1 Satz 2 Nr. 4 LFGB, wenn einem Lebensmittel der Anschein eines Arzneimittels gegeben wird. Die Vorschrift zielt auf das äußere Erscheinungsbild und die Darreichungsform des Lebensmittels ab; ursprünglich sollte eine Abgabe in Form von Tabletten oder Kapseln den Arzneimitteln vorbehalten bleiben. Durch die wachsende Bedeutung von Nahrungsergänzungsmitteln oder bilanzierten Diäten (die beide den Lebensmitteln und nicht den Arzneimitteln zuzuordnen sind, siehe oben, Rn. 26 ff.) hat die Vorschrift eine geringe praktische Relevanz.

e) Verbotstatbestände gemäß § 11 Abs. 2 LFGB. § 11 Abs. 2 LFGB sieht eine **413** Reihe von weiteren Verkehrsverboten vor:

aa) Für den Verzehr ungeeignete Lebensmittel. Verboten ist gemäß § 11 Abs. 2 **414** Nr. 1 LFGB das Inverkehrbringen von Lebensmitteln, die **für den Verzehr durch den Menschen ungeeignet** sind, aber gleichwohl nicht unter das Verbot des Artikels 14 Basisverordnung fallen (die nicht sicheren Lebensmittel, hierzu oben, Rn. 59 ff.). Damit erfasst die Vorschrift Fälle, in denen ein Lebensmittel weder gesundheitsschädlich ist, noch aufgrund stofflicher Veränderungen (z. B. Fäulnis) zum Verzehr ungeeignet ist. Erfasst sind die „Ekelfälle", in denen ein stofflich einwandfreies Lebensmittel gleichwohl als zum Verzehr ungeeignet angesehen wird: Es würde ohne äußerlich erkennbare Veränderung bei einem normal empfindenden Verbraucher Widerwillen und Ekel hervorrufen.

> **Fallbeispiele aus der Rechtsprechung:** **415**
> Bottich mit 2.500 l Vollmilch, in dem eine Katze ertrunken ist; Aufbewahrung von Lebensmitteln in der Nähe von Fäkalien; mit Mäusekot verschmutzter Lagerraum; durch Rattenfraß beschädigte und verschmutzte Butter, die später gereinigt wird; erneutes Vorsetzen einer Mahlzeit, die ein Gast zuvor zurückgegeben hat, selbst wenn eine tatsächliche Beeinträchtigung durch den Gast nicht stattgefunden hat; mit Maden befallene Sardinen, auch, nachdem die Maden abgesammelt wurden (Beispiele bei *Wehlau*, § 11 LFGB, Rn. 105).

bb) Nachgemachte, wertgeminderte und geschönte Lebensmittel. Verboten ist **416** es gemäß § 11 Abs. 2 Nr. 2 LFGB, ohne eine ausreichende Kenntlichmachung **nachgemachte** oder **wertgeminderte Lebensmittel** sowie solche Lebensmittel in Verkehr zu bringen, die geeignet sind, den **Anschein einer besseren als der tatsächlichen Beschaffenheit** zu erwecken. Die Vorschrift ist letztlich überflüssig, denn jeder der genannten Fälle ist bereits von der Generalklausel des § 11 Abs. 1 Satz 2 Nr. 1 LFGB erfasst:

Unter die Gruppe der „**nachgemachten Lebensmittel**" können Fälle subsumiert **417** werden, die derzeit unter den Stichworten „Lebensmittelimitate" oder „Analogkäse" in den Medien diskutiert werden. Den Fällen ist gemein, dass ein Lebensmittel mit einem anderen verwechselt werden kann, obwohl es völlig oder weitgehend aus anderen Zutaten besteht. Bereits nach geltendem Recht ist das Inverkehrbringen solcher Lebensmittel – gleich ob als lose oder verpackte Ware – ohne ausreichende Kenntlichmachung irreführend, so dass Forderungen nach „schärferen Gesetzen" – wie so oft – als bloßer Populismus zu werten sind. Beispielhaft für das Nachmachen von Lebensmittel kann die Vermischung von Safranfäden mit Chilifäden genannt werden (hier läge gleichzeitig auch eine Wertminderung vor).

418   Die zweite Fallgruppe (§ 11 Abs. 2 Nr. 2 b) LFGB) erfasst Lebensmittel, die **hinsichtlich ihrer Beschaffenheit von der Verkehrsauffassung abweichen** und dadurch in ihrem Wert, insbesondere ihrem Nähr- oder Genusswert oder in ihrer Brauchbarkeit nicht unerheblich gemindert sind. Die Sachverhalte, die dieser Fallgruppe zugerechnet werden können, sind teilweise recht eindeutig (Milch wird durch Zugabe von Wasser gestreckt); teilweise ist ein zweiter Blick unabdingbar.

> **Beispiel:**
> Nach den Leitsätzen des Deutschen Lebensmittelbuchs für Feinkostsalate enthält ein als „Fleischsalat" bezeichnetes Erzeugnis mindestens 25 % Fleisch und/oder Fleischsalatgrundlage und/oder Brühwurst, Mayonnaise und/oder Salatmayonnaise sowie maximal 25 % Gurken als einziges Gemüse und würzende Zutaten. Ein Hersteller von Feinkostsalaten möchte seinem „Fleischsalat" 29 % Gurken und zusätzlich 5 % Zwiebeln zugeben. Zulässig? Eindeutig ja, wobei wir unterstellen wollen, dass die Zutaten im Zutatenverzeichnis angegeben sind und der Gurkenanteil von 29 % mengenmäßig gekennzeichnet ist. Es dürfte schon schwierig sein, eine Wertminderung zu begründen (denn hierfür ist in erster Linie der Fleischanteil entscheidend); daneben ist die Abweichung von der Verkehrsauffassung aber auch durch die Zutaten- und Mengendeklaration ausreichend kenntlich gemacht (zur Kenntlichmachung noch nachfolgend, Rn. 420).

419   **Geschönte Lebensmittel** haben den Anschein einer besseren als der tatsächlichen Beschaffenheit. In der Regel werden dieser Fallgruppe Sachverhalte zugerechnet, in denen durch **Färben oder Bleichen** eine bessere Qualität vorgetäuscht wird (vgl. *Meyer/Streinz*, LFGB, § 12, Rn. 140).

> **Beispiel:**
> Die Verwendung von Eiern oder eines höheren Anteils an Eiern bei als „Eiernudeln" bezeichneten Erzeugnissen wird durch die Verwendung von gelbem Farbstoff suggeriert.

Eine Irreführung liegt in Fällen von nachgemachten, wertgeminderten oder geschönten Lebensmitteln nur dann vor, wenn diese ohne ausreichende **Kenntlichmachung** in Verkehr gebracht werden. Die Kenntlichmachung muss in der Weise erfolgen, dass ein Irrtum der angesprochenen Verkehrskreise ausgeschlossen werden kann. Sie ist etwa durch einen ausdrücklichen Hinweis möglich (im Fall der Eiernudeln z. B. durch die Angabe „mit Farbstoff"); ganz überwiegend wird nach der „Sauce Hollandaise"-Entscheidung des EuGH (ZLR 1995, S. 667 ff.) aber auch die Angabe im Zutatenverzeichnis als ausreichend für eine Kenntlichmachung gehalten. Denn: Das Zutatenverzeichnis ist der Ort der Information über die Beschaffenheit eines Lebensmittels. Zusammen mit den Vorschriften über die QUID-Angabe bleibt in solchen Fällen für den Vorwurf der Irreführung des Verbrauchers nur noch wenig Raum. **420**

3. Folgen von Verstößen gegen § 11 LFGB. Verstöße gegen § 11 LFGB können – wie die meisten Verstöße gegen lebensmittelrechtliche Vorschriften – vielfältige Konsequenzen nach sich ziehen. Grundlegend ist danach zu unterscheiden, ob der Lebensmittelunternehmer **vorsätzlich oder fahrlässig** gehandelt hat (zu den Begriffen ⦿ Rn. 99): **421**

- Ein vorsätzlicher Verstoß gegen § 11 LFGB ist eine **Straftat**, die gemäß § 59 Abs. 1 Nr. 7 bis 9 LFGB mit Freiheitsstrafe bis zu einem Jahr geahndet werden kann.
- Fahrlässige Verstöße sind nach § 60 Abs. 1 LFGB als **Ordnungswidrigkeit** eingestuft und können gemäß Abs. 5 mit einer Geldbuße bis 20.000 Euro, bei Verstößen gegen § 11 Abs. 2 Nr. 1 LFGB bis 50.000 Euro geahndet werden.
- Bei lebensmittelrechtlichen Verstößen kann die zuständige Behörde der amtlichen Lebensmittelüberwachung die erforderlichen Maßnahmen nach § 39 LFGB anordnen (zu den in Betracht kommenden Maßnahmen s. ⦿ Rn. 131 ff.).
- Schließlich sind **wettbewerbsrechtliche Aspekte** zu beachten: § 11 LFGB enthält Marktverhaltensregeln, die bei Verstößen auch Mitbewerber dazu berechtigen, Unterlassung zu verlangen (hierzu im Einzelnen ⦿ Rn. 64 ff.).

Ist in der Klausur zu prüfen, ob eine bestimmte Aussage oder Darstellung irreführend ist, sollte beachtet werden, dass oft ein Verstoß gegen mehrere Verbotstatbestände vorliegen kann. Dann sollten auch alle in Betracht kommenden Vorschriften erörtert werden. Handelt es sich z. B. um ein „nachgemachtes Lebensmittel" (§ 11 Abs. 2 Nr. 2 a LFGB), wird gleichzeitig auch eine Täuschung über die Beschaffenheit oder Zusammensetzung des Lebensmittels nach § 11 Abs. 1 Satz 2 Nr. 1 LFGB vorliegen. Die Prüfung in der Klausur sollte vollständig sein, die gesetzlichen Vorschriften genau zitiert werden (Paragraph bzw. Art., Absatz, Satz, Nr. etc.).

II. Die Verordnung über nährwert- und gesundheitsbezogene Angaben

422 Mit der Verordnung (EG) Nr. 1924/2006 über nährwert- und gesundheitsbezogene Angaben (Claims-Verordnung) hat die staatliche Regulierung von werblichen Aussagen über Lebensmittel an Schärfe zugenommen. Die Verordnung führt – wie etwa im Bereich der Lebensmittelzusatzstoffe – das **Verbotsprinzip mit Erlaubnisvorbehalt** ein: Nährwert- oder gesundheitsbezogene Aussagen, die nicht ausdrücklich zugelassen sind, sind verboten. Die rechtliche und rechtspolitische Bewertung fällt zwiespältig aus. Einerseits ist es zu begrüßen, dass bestimmte nährwertbezogene Aussagen wie z. B. „zuckerfrei" oder „fettarm" nun EU-weit verbindlich definiert sind. Andererseits werden durch die Maxime, dass nicht ausdrücklich zugelassene Aussagen verboten sind, seit jahrzehntelanger Übung und auf Ebene des Codex Alimentarius anerkannte Aussagen wie z. B. „cholesterinfrei" verboten. Die Zulassungspflicht führt zu einem aufgeblähten und bürokratischen Verwaltungsaufwand, wie es ihn in der bisherigen Gesetzgebung im Lebensmittelbereich noch nicht gegeben hat; zudem ist die Verordnung an einigen Stellen lückenhaft und unklar formuliert. Mit dem Instrument der Nährwertprofile maßt sich der Europäische Gesetzgeber schließlich an, abseits ernährungswissenschaftlicher Erkenntnisse über gute und schlechte Lebensmittel befinden zu dürfen. Der Umweltausschuss des Europäischen Parlaments hat im Mai 2010 zu Recht die Streichung der Nährwertprofile aus der Claims-Verordnung gefordert. Ob diese Forderung auch die erforderliche Mehrheit im gesamten Europäischen Parlament und die

Zustimmung der Mitgliedstaaten erreichen wird, bleibt zu hoffen, kann aber derzeit noch nicht abgesehen werden.

→ Gesetzestext Claims-Verordnung

1. Anwendungsbereich: Nährwert- und gesundheitsbezogene Angaben. Die Claims-Verordnung bestimmt im Grundsatz, dass nährwert- und gesundheitsbezogene Angaben bei Kennzeichnung, Aufmachung und Werbung für Lebensmittel, die in der Gemeinschaft in Verkehr gebracht werden, nur verwendet werden dürfen, wenn sie der Verordnung entsprechen. Der Geltungsbereich ist denkbar weit; anders als das Verbot der krankheitsbezogenen Werbung (§ 12 LFGB, hierzu unten, Rn. 454 ff.) gilt die Claims-Verordnung auch für Lebensmittel, die für Krankenhäuser bestimmt sind, also auch für Angaben, die gegenüber den Angehörigen von Heilberufen gemacht werden.

423

Die Verordnung trifft Regelungen in Bezug auf **nährwert- und gesundheitsbezogene Angaben** sowie auf Angaben, die sich auf die **Reduktion eines Krankheitsrisikos** beziehen. Folgende Definitionen sind daher grundlegend:

424

Die **nährwertbezogene Angabe** ist in Art. 2 Abs. 2 Nr. 4 Claims-Verordnung definiert als

425

> „jede Angabe, mit der erklärt, suggeriert oder auch nur mittelbar zum Ausdruck gebracht wird, dass ein Lebensmittel besondere positive Nährwerteigenschaften besitzt, und zwar aufgrund
> a) der Energie (des Brennwerts), die es
>   i)   liefert,
>   ii) in vermindertem oder erhöhtem Maße liefert oder
>   iii) nicht liefert, und/oder
> b) der Nährstoffe oder anderen Substanzen die es
>   i)   enthält,
>   ii) in verminderter oder erhöhter Menge enthält oder
>   iii) nicht enthält."

Vergleicht man die Definition der nährwertbezogenen Angabe in der Claims-Verordnung mit der Definition der nährwertbezogenen Angabe in der NKV, so fällt auf, dass die Claims-Verordnung auf **besondere „positive" Eigenschaften** abstellt. Die (in der Praxis eher unwahrscheinliche) Hervorhebung negativer Eigenschaften („leider sehr fettreich"?) ist damit vom Anwendungsbereich ausgeschlossen; daneben wird man aber auch bloße „Gehaltsangaben" – Angaben, die sich in nicht wertender Form auf die Angabe des Gehalts eines Nährstoffs

426

beschränken – grundsätzlich vom Anwendungsbereich der Verordnung ausschließen dürfen.

427

Beispiel:

Ein Lebensmittel ist (außerhalb der Nährwerttabelle) mit der Auslobung *„enthält 1 g Cholesterin"* versehen. Hier kann nicht ohne weiteres davon ausgegangen werden, dass es sich um eine nährwertbezogene Angabe im Sinne der Claims-Verordnung handelt, denn mit der Auslobung wird nicht erklärt, dass der Nährstoff Cholesterin im Lebensmittel in verminderter oder erhöhter Menge enthalten ist; angegeben ist lediglich der absolute Gehalt. Ergänzt um den wertenden Zusatz „nur" wäre die Aussage allerdings eindeutig als nährwertbezogene Angabe zu werten, da hierin eine positive Wertung enthalten ist.

428   Ebenfalls nicht in den Anwendungsbereich der Claims-Verordnung dürften **bloße Geschmackshinweise** wie z. B. „weniger süß" fallen. Allerdings wird stets produktbezogen und im Einzelfall festzustellen sein, ob ein Geschmackshinweis vom Verbraucher wie ein Hinweis auf eine Reduktion verstanden werden kann.

429   Eine **gesundheitsbezogene Angabe** ist gemäß Art. 2 Abs. 2 Nr. 5 jede Angabe, mit der erklärt, suggeriert oder auch nur mittelbar zum Ausdruck gebracht wird, dass ein Zusammenhang zwischen einer Lebensmittelkategorie, einem Lebensmittel oder einem seiner Bestandteile einerseits und der Gesundheit andererseits besteht.

430

Beispiel:

Auf einer Fertigpackung mit Vollmilch findet sich der Hinweis: *„Milch liefert wertvolles Kalzium und ist deshalb gut für Knochen und Zähne".*

431   Gemäß Art. 2 Abs. 2 Nr. 6 ist unter einer **Angabe über die Reduzierung eines Krankheitsrisikos** jede Angabe zu verstehen, mit der erklärt, suggeriert oder auch nur mittelbar zum Ausdruck gebracht wird, dass der Verzehr einer Lebensmittelkategorie, eines Lebensmittels oder eines Lebensmittelbestandteils einen Risikofaktor für die Entwicklung einer Krankheit beim Menschen deutlich senkt. Letztlich handelt es sich um einen besonderen Unterfall der gesundheitsbezogenen Angabe.

Beispiel: **432**
Ein Orangensaft wird mit der folgenden Auslobung beworben: „*Dr. Wecks Orangensaft ist reich an Vitamin C, stärkt Ihre Abwehrkräfte und kann so dazu beitragen, Erkältungskrankheiten abzuwehren.*"

Die Verwendung gesundheitsbezogener Angaben ist an besonders restriktive **433** Vorgaben geknüpft; dies gilt ebenso für Angaben, die sich auf die Entwicklung und Gesundheit von Kindern beziehen (Art. 14 Claims-Verordnung, hierzu unten Rn. 445 ff.).

2. Allgemeine Anforderungen an nährwert- und gesundheitsbezogene Aussa- **434** **gen.** Bei der Verwendung nährwert- und gesundheitsbezogener Angaben sind zunächst eine Reihe allgemeiner Bedingungen zu beachten:

- Die positive ernährungsbezogene oder physiologische Wirkung des Vorhandenseins/Fehlens/verringerten Gehalts des Nährstoffs oder der Substanz muss **wissenschaftlich nachgewiesen** sein.
- Der Nährstoff oder die Substanz, auf die sich die Angabe bezieht, ist im Enderzeugnis in einer **signifikanten Menge** enthalten (oder je nach Aussage und Nährstoff nicht enthalten). Was in diesem Sinne signifikant ist, muss entweder gemeinschaftsrechtlich festgelegt oder wissenschaftlich allgemein anerkannt sein. Wertvolle Anhaltspunkte in Bezug auf Vitamine und Mineralstoffe liefert die Anlage 1 zur NKV.
- Nährstoffe oder Substanzen, auf die sich nährwertbezogene Angaben beziehen, müssen **bioverfügbar** sein, also in einer Form vorliegen, die für den Körper verfügbar ist.
- **Die Menge des Produkts, deren Verzehr vernünftigerweise erwartet werden kann, liefert eine gemäß dem Gemeinschaftsrecht signifikante Menge des Nährstoffs oder der anderen Substanz, auf die sich die Angabe bezieht,** oder, wo einschlägige Bestimmungen nicht bestehen, eine signifikante Menge, die nach allgemein anerkannten wissenschaftlichen Nachweisen geeignet ist, die behauptete ernährungsbezogene Wirkung oder physiologische Wirkung zu erzielen. Diese Vorschrift ist in der Praxis von besonderer Bedeutung, denn sie zwingt den Lebensmittelhersteller dazu, sich über die Menge des Lebensmittels, deren Verzehr üblicherweise erwartet werden kann detailliert Gedanken zu machen. Unter der üblichen Menge ist nicht zwingend eine „Portion" zu verstehen; die signifikante Menge sollte aber schon üblicherweise im Laufe eines Tages aufgenommen werden.

435 Darüber hinaus bestimmt Art. 5 – alles andere wäre ohnehin schon nach § 11 LFGB irreführend –, dass die Verwendung nährwert- oder gesundheitsbezogener Angaben nur zulässig ist, wenn vom durchschnittlichen Verbraucher erwartet werden kann, dass er die positive Wirkung, wie sie in der Angabe dargestellt wird, versteht. Zudem müssen sich nährwert- und gesundheitsbezogene Angaben gemäß der Anweisung des Herstellers auf das **verzehrfertige Lebensmittel** beziehen.

436 **Nährwert- und gesundheitsbezogene Angaben lösen nach Art. 7 der Claims-Verordnung die Pflicht zur Nährwertkennzeichnung aus.** Bei nährwertbezogenen Angaben ist dies schon aufgrund der Vorschriften in der Nährwertkennzeichnungsrichtlinie/NKV der Fall und insoweit eine Selbstverständlichkeit. Der Umfang der erforderlichen Nährwertkennzeichnung richtet sich nach den Vorschriften der NKV. Für gesundheitsbezogene Angaben bestimmt Art. 7 hingegen zwingend, dass die Big 8 anzugeben sind. Produktübergreifende Werbeaussagen lösen keine verpflichtende Nährwertkennzeichnung aus. Der Wortlaut der englischen Sprachfassung der Verordnung spricht insoweit von *„generic advertising"*, was eher mit „Werbeaussagen allgemeiner Natur" übersetzt werden kann.

437 **Beispiel:**

Auf der Verpackung eines Tofu-Bratlings wird folgende Aussage verwendet: *„Soja enthält von Natur aus Isoflavone. Isoflavone haben oxidationshemmende Eigenschaften und erhalten die Flexibilität der Blutgefäße."* Daneben erfolgt der Hinweis *„mit Jodsalz"*.

Die Aussage zu den Isoflavonen enthält in ihrem ersten Satz eine rein nährwertbezogene Angabe, denn sie bezieht sich auf das Vorhandensein einer bestimmten Substanz. Nach der NKV wäre daher grundsätzlich eine Nährwertkennzeichnung erforderlich, deren Umfang sich nach § 4 NKV richtet. Ausgenommen sind allerdings auch nach der NKV „produktübergreifende Werbekampagnen". Folgt man einer weiten Auslegung, kann man die Aussage zu Isoflavonen durchaus als produktübergreifende Aussage einordnen, da sie sich auf alle sojahaltigen Lebensmittel bezieht. Im Zusammenhang mit dem zweiten Satz ist die Aussage zu den Isoflavonen insgesamt als gesundheitsbezogene Angabe einzuordnen. Für produktübergreifende gesundheitsbezogene Aussagen gilt der Ausnahmetatbestand des Artikels 7 Satz 1 Claims-Verordnung. Folge: Die Aussage zu den Isoflavonen löst keine Nährwertkennzeichnung aus. Vorsorglich sei angemerkt: Der Hersteller sollte sich vergewissern, dass die in der wissenschaftlichen Literatur genannte signifikante Menge an Isoflavonen in der üblicherweise verzehrten Menge des Lebensmittels enthalten ist (Art. 5 Abs. 1 d) Claims-Verordnung). Zudem hängt die Zulässigkeit der zweiten, gesundheitsbezogenen Aussage zwingend von der Zulassung durch die Europäische Kommission und der Aufnahme in die Art. 13-Liste ab (hierzu unten, Rn. 448).

Die im Beispiel verwendete Aussage über Jodsalz ist ein klassisches Beispiel für eine nährwertbezogene Angabe, die im Rahmen einer produktübergreifenden Werbekampagne verwendet wird, hier um die Jodsalzkampagne der Bundesregierung zu unterstützen. Die Auslobung löst nicht die Pflicht zur Nährwertkennzeichnung aus. In Bezug auf die signifikante Menge ist bei Jodsalz zu beachten, dass es nicht auf die signifikante Menge an Jod im Lebensmittel insgesamt (hier: im Tofu-Bratling) ankommt, sondern nur im Jodsalzanteil selbst. **438**

3. Besondere Regelungen für nährwertbezogene Aussagen. Kern der Claims-Verordnung ist im Hinblick auf nährwertbezogene Aussagen, dass diese verboten sind, sofern sie nicht ausdrücklich zugelassen wurden. Welche Aussagen im Einzelnen zugelassen wurden, kann dem **Katalog der zugelassenen nährwertbezogenen Aussagen** entnommen werden, der in Anhang I der Verordnung aufgestellt wurde. Er ist **abschließend** und enthält Definitionen für Aussagen wie z. B. „fettarm" oder „reich an Omega-3-Fettsäuren". **439**

Nährwertbezogene Angaben, die nicht in Anhang I der Claims-Verordnung geregelt sind, dürfen nicht verwendet werden (Art. 8 Abs. 1 Claims Verordnung). Dies betrifft z. B. **Aussagen zum Cholesteringehalt von Lebensmitteln** („cholesterinfrei", „cholesterinarm"), die nach Ablauf der Übergangsfrist seit dem 19. Januar 2010 nicht mehr verwendet werden dürfen. Leider hat der Europäische Gesetzgeber nicht alle nach Codex Alimentarius definierten nährwertbezogenen Angaben in Anhang I der Claims-Verordnung aufgenommen: Die *Codex Alimentarius Guidelines for use of nutrition claims* (CAC/GL 23-1997) enthalten Grenzwerte für die Auslobungen „cholesterinarm" und „cholesterinfrei". Lebensmittelhersteller mit Sitz in Drittstaaten können diese Auslobungen weiterhin verwenden und unter Berufung auf Welthandelsrecht in die Europäische Union einführen – eine überflüssige Diskriminierung von Lebensmittelherstellern mit Sitz in der EU. **440**

Zum Schutz des Verbrauchers vor Irreführung hat es der europäische Gesetzgeber darüber hinaus für erforderlich gehalten, besondere Regelungen für **vergleichende nährwertbezogene Angaben** aufzustellen. Gemäß Art. 9 Abs. 1 ist **441** ein Vergleich nur zwischen Lebensmitteln **derselben Kategorie** und unter **Berücksichtigung einer Reihe von Lebensmitteln dieser Kategorie** zulässig. Der Unterschied in der Menge eines Nährstoffs und/oder im Brennwert ist anzugeben, und der Vergleich muss sich auf dieselbe Menge des Lebensmittels beziehen.

442 Die Regelung ist in der Praxis nicht leicht zu handhaben, da sie nach ihrem Wortlaut in Widerspruch zu den in Anhang I definierten nährwertbezogenen Angaben stehen kann. Diese weisen nämlich teilweise auch vergleichende Elemente auf, wie z. B. die Aussage „leicht". Die Schwierigkeit der Regelung soll an einem Beispiel erläutert werden.

443 **Beispiel:**
Ein Lebensmittelhersteller möchte seine fettreduzierten Kartoffelchips mit der Aussage „light" bewerben. Was hat er dabei zu beachten?
Die Aussage „light" hat für den Verbraucher dieselbe Bedeutung wie die Aussage, ein Produkt sei „leicht". Nach der Regelung in Anhang I der Claims-Verordnung muss das Produkt daher dieselben Bedingungen erfüllen wie die Angabe „reduziert"; darüber hinaus muss die Angabe mit einem Hinweis auf die Eigenschaften einhergehen, die das Lebensmittel „leicht" machen. Der Hersteller kann also z. B. ausloben: „light weil fettreduziert". Für die Angabe „reduziert" sieht Anhang I Folgendes vor: „Die Angabe, der Gehalt an einem oder mehreren Nährstoffen sei reduziert worden, sowie jegliche Angabe, die für den Verbraucher voraussichtlich dieselbe Bedeutung hat, ist nur zulässig, wenn die Reduzierung des Anteils mindestens 30 % **gegenüber einem vergleichbaren Produkt** ausmacht [...]". Für den Hersteller stellt sich nun die Frage, welches Produkt oder welche Produkte er zum Vergleich heranziehen muss. Nach dem Wortlaut des Anhangs wäre z. B. auch folgende Auslobung möglich: *„30 % weniger Fett als unsere herkömmlichen Kartoffelchips"*. Geht man hingegen mit einem beachtlichen Teil der Literatur davon aus, dass die Aussage „reduziert" eine vergleichende nährwertbezogene Angabe im Sinne des Artikels 9 ist, so ist ein Vergleich mit **„einer Reihe von Lebensmitteln dieser Kategorie"** erforderlich. Der Hersteller hat den „Marktstandard" zu ermitteln und sein Produkt mit diesem zu messen. Zur Ermittlung des Marktstandards kann nicht nur eine Markterhebung dienen; vielmehr kann auch auf weitere Erkenntnisquellen wie die Leitsätze des Deutschen Lebensmittelbuches und Verbandsleitlinien (Codes of Practice etc.). zurückgegriffen werden. Ist der jeweilige Marktstandard das Maß der Dinge, wird der Hersteller nicht lediglich eine Momentaufnahme machen

können; vielmehr ist von einer begleitenden **Marktbeobachtungspflicht** auszugehen, was für den Hersteller einen erhöhten Aufwand erforderlich macht. Da der Vergleich „nur" mit einer Reihe von Produkten gefordert wird, dürfte es immerhin nicht erforderlich sein, dabei jeden – auch noch so kleinen – Marktbegleiter zu berücksichtigen.

Art. 9 Abs. 2 ergänzt die Regelung zu vergleichenden Angaben um die Vorgabe, **444** dass die Zusammensetzung des betreffenden Lebensmittels mit derjenigen einer Reihe von Lebensmitteln derselben Kategorie verglichen werden muss, „deren Zusammensetzung die Verwendung einer Angabe nicht erlaubt, darunter auch Lebensmittel anderer Marken." Die Regelung stützt die Auffassung, dass ein **Vergleich ausschließlich mit Produkten des eigenen Sortiments ausgeschlossen** sein soll. Unklar ist, was mit Produkten gemeint ist, deren „Zusammensetzung die Verwendung einer Angabe nicht erlaubt", gemeint ist. Es spricht einiges dafür, dass die Vorschrift die noch zu erörternden Nährwertprofile in Bezug nimmt, von deren Einhaltung nach dem Willen der Europäischen Kommission abhängt, ob ein Lebensmittel überhaupt mit einer nährwert- oder gesundheitsbezogenen Angabe beworben werden darf (siehe unten, Rn. 449 ff.). Denn dass es für ein „light"-Produkt auch ein herkömmliches Referenzprodukt geben muss, dass die Anforderungen an die Auslobung „light" nicht erfüllt, ist eine Selbstverständlichkeit.

4. Besondere Regelungen über gesundheitsbezogene Aussagen. Die Claims- **445** Verordnung sieht für gesundheitsbezogene Aussagen strenge Regelungen vor. Nach alter Rechtslage galt lediglich das Verbot der Irreführung und der krankheitsbezogenen Werbung; hieraus konnte abgeleitet werden, dass entsprechende Aussagen wissenschaftlich gesichert sein müssen und dem Verbraucher in verständlicher Weise präsentiert werden mussten. Auch das Erfordernis, dass im Lebensmittel überhaupt eine signifikante Menge des als positiv beworbenen Stoffs enthalten sein muss, ergibt sich mittelbar aus dem Irreführungsverbot; insofern hätte es einer Reglementierung nicht bedurft. Mit der Claims-Verordnung wird ein anderer, bürokratischer Weg beschritten: Gesundheitsbezogene Angaben sind verboten, sofern sie nicht ausdrücklich zugelassen wurden und in eine Liste („Art. 13-Liste") aufgenommen wurden. Daneben müssen gemäß Art. 10 Abs. 2 Claims-Verordnung bei der Verwendung gesundheitsbezogener Angaben folgende Informationen in Kennzeichnung, Aufmachung oder Lebensmittelwerbung enthalten sein:

- ein Hinweis auf die **Bedeutung einer abwechslungsreichen und ausgewogenen Ernährung** und einer gesunden Lebensweise;
- Informationen zur **Menge** des Lebensmittels und zum **Verzehrmuster**, die erforderlich sind, um die behauptete positive Wirkung zu erzielen;
- gegebenenfalls ein Hinweis an Personen, die es vermeiden sollten, dieses Lebensmittel zu verzehren;
- ein geeigneter **Warnhinweis** bei Produkten, die bei übermäßigem Verzehr eine Gesundheitsgefahr darstellen könnten.

446   Art. 10 Abs. 3 Claims-Verordnung enthält eine spezielle Regelung für Verweise auf allgemeine, nichtspezifische Vorteile des Nährstoffs oder Lebensmittels für die Gesundheit im Allgemeinen oder das gesundheitsbezogene Wohlbefinden. Solche **„Wellness"-Aussagen** sind nur zulässig, wenn ihnen eine in einer der Listen nach Art. 13 oder 14 enthaltene spezielle gesundheitsbezogene Angabe beigefügt ist. Es muss also genau begründet werden, aus welchen (gesundheitsbezogenen) Umständen sich der „Wellness-Effekt" ergibt. Nach dem Wortlaut der Vorschrift erfasst sind allerdings nur Aussagen mit einem Gesundheitsbezug. Da nicht jede Wellness-Aussage auf das **gesundheitsbezogene Wohlbefinden** abzielt, sind Aussagen, die sich auf das **allgemeine Wohlbefinden** beziehen, nicht an Art. 10 Abs. 3 Claims-Verordnung zu messen. Dies gilt z. B. für Fälle, in denen die „Wohlfühl-Aussage" im Zusammenhang mit einem Genusserlebnis steht („Der Kaffee zum Wohlfühlen").

447   Unzulässig sind gemäß Art. 12 Angaben, die den Eindruck erwecken, **durch Verzicht auf das Lebensmittel könnte die Gesundheit beeinträchtigt werden**. Darüber hinaus ist es unzulässig, Angaben über **Dauer und Ausmaß einer Gewichtsabnahme** zu machen, ebensowenig Angaben, die auf **Empfehlungen von einzelnen Ärzten** oder Vertretern medizinischer Berufe berufen. Ausgenommen sind – beim Fehlen von Gemeinschaftsvorschriften über Empfehlungen – solche Empfehlungen, die von **nationalen** Vereinigungen von Fachleuten der Bereiche Medizin, Ernährung oder Diätetik und karitativen medizinische Einrichtungen ausgesprochen werden. Verweise auf Empfehlungen z. B. der WHO sind damit – unverständlicherweise – ausgeschlossen.

448   Das Verfahren zur Erstellung der Listen nach Art. 13 und 14 hat eine Flut entsprechender Anträge ausgelöst, von denen bislang erst ein Teil bewertet wurde; dies obwohl die vollständige Gemeinschaftsliste gemäß Art. 13 Abs. 3 Claims-Verordnung bereits am 31. Januar 2010 von der Kommission hätte verabschiedet werden sollen. Die Bewertung der Anträge auf Zulassung bestimmter gesundheitsbezogener Angaben obliegt der EFSA; über die Zulassung oder

Ablehnung der beantragten Aussagen entscheidet letztlich die Europäische Kommission, die sich – mangels eigener fachlicher Kompetenz – an der Einschätzung der EFSA orientiert. Der Stand des Verfahrens sowie die bereits fertig gestellten Bewertungen der EFSA kann in einem **Gemeinschaftsregister** eingesehen werden, das im Internet unter der folgenden Adresse zur Verfügung steht: http://registerofquestions.efsa.europa.eu/roqFrontend/questionsListLoader?panel=NDA&foodsectorarea=26

5. Nährwertprofile. Das sicherlich umstrittenste Element der Claims-Verordnung sind die Nährwertprofile, die in Art. 4 Abs. 1 ihre Grundlage haben. Hinter den Nährwertprofilen steht der Gedanke, dass alle Lebensmittel in Bezug auf ihren Gehalt an bestimmten Nährstoffen an festgelegten Grenzwerten gemessen werden sollen. Je nachdem, ob ein Lebensmittel die Grenzwerte einhält oder nicht, soll die Verwendung nährwert- oder gesundheitsbezogener Aussagen zulässig oder verboten sein. **449**

Nach Art. 4 Abs. 1 Satz 1 Claims-Verordnung hätte die Europäische Kommission bis zum 19. Januar 2009 Nährwertprofile festlegen müssen; bislang liegt allerdings lediglich ein äußerst umstrittener Entwurf vor (Stand: 17. März 2009). Nachdem das Europäische Parlament den Antrag gestellt hat, das Konzept der Nährwertprofile vollständig aus der Claims-Verordnung zu streichen, ist die Zukunft dieses Instruments ungewiss. Derzeit spricht einiges dafür, dass dieser – unwissenschaftliche und populistische – Versuch, Lebensmittel anhand willkürlich gesetzter Grenzen zu bewerten, scheitern wird. Sicher ist dies allerdings nicht; daher soll das Konzept der Profile nachfolgend am Beispiel der Suppe dargestellt werden. **450**

Der Entwurf für Nährwertprofile sieht für die Kategorie „Suppen" Folgendes vor: **451**

	Sodium (mg/100 g/ml)	Saturates (g/100 g/ml)	Sugars (g/100 g/ml)
Soups Minimum 200 g per serving size	400	5	10

452 **Beispiel:**
Eine Suppe weist einen Gehalt an gesättigten Fettsäuren von 4 g/100 ml, einen Gehalt an Zucker von 7 g/100 ml und einen Brennwert von 20 kcal/100 ml auf. Der Natriumgehalt der Suppe wurde um 25 % reduziert; er beträgt gleichwohl noch 450 mg/100 ml. Für die Möglichkeit, nährwert- und gesundheitsbezogene Angaben verwenden zu können, bedeutet dies Folgendes:

- Damit ein Lebensmittel mit nährwert- und gesundheitsbezogenen Angaben beworben werden darf, muss es gemäß Art. 4 Abs. 1 Claims-Verordnung **dem Nährwertprofil entsprechen.** Da die im Beispielsfall beschriebene Suppe einen „zu hohen" Natriumgehalt aufweist, sind nährwert- und gesundheitsbezogene Angaben **grundsätzlich ausgeschlossen.** Der Hinweis „energiearm" oder „kalorienarm" wäre also grundsätzlich nicht möglich, obwohl das Produkt insofern die Anforderungen des Anhangs I erfüllt.

- Eine **Ausnahme** gilt in Bezug auf nährwertbezogene Angaben: Gemäß Art. 4 Abs. 2 Nr. 2 Claims-Verordnung ist eine nährwertbezogene Angabe (hier „energiearm") möglich, wenn **nur ein einziger Nährstoff das Profil übersteigt** (das wäre im Beispiel der Fall) und in unmittelbarer Nähe der nährwertbezogenen Angabe auf derselben Seite und genau so deutlich sichtbar wie diese ein **Hinweis auf diesen Nährstoff** angebracht wird. Die gesamte Auslobung müsste im Beispielsfall also lauten: *„Energiearm, hoher Gehalt an Natrium".*
Daneben sind gemäß Art. 4 Abs. 2 Nr. 1 ausnahmsweise auch nährwertbezogene Angaben zulässig, die sich die sich auf die **Verringerung von Fett, gesättigten Fettsäuren, trans-Fettsäuren, Zucker und Salz/Natrium beziehen,** „ohne Bezugnahme auf ein Profil für den/die konkreten Nährstoff(e), zu dem/denen die Angabe gemacht wird, sofern sie den Bedingungen dieser Verordnung entsprechen". Unter bestimmten Voraussetzungen soll es also möglich sein, auf bestimmte „Produktoptimierungen" hinzuweisen. Die kaum verständliche zweite Hälfte der Vorschrift dürfte vermutlich so auszulegen sein, dass im Falle einer Natriumreduktion auf diese hingewiesen werden dürfte (die Voraussetzungen hierfür in Anhang I müssen freilich erfüllt sein), obwohl das Lebensmittel insgesamt immer noch das Profil für Natrium übersteigt. Nicht möglich wird im Beispielsfall aber die Auslobung „energiearm und natriumreduziert" sein, denn insofern ist die Ausnahme des Artikels 4 Abs. 2 Nr. 2 vorrangig zu beachten. Zulässig, aber wohl kaum verständlich, wäre die Aussage: *„energiearm, hoher Gehalt an Natrium, natriumreduziert".*

Da die Nährwertprofile bislang noch nicht verbindlich festgelegt wurden, handelt es sich um ein rein hypothetisches Beispiel; es dürfte allerdings verdeutlichen, dass Profile kaum geeignet sind, einen Beitrag zur verständlicheren Verbraucherinformation zu leisten. Aus Sicht des Rechtsanwenders bleibt zu hoffen, dass ihm der Umgang mit Nährwertprofilen in der Praxis erspart bleiben wird. **453**

6. Exkurs: Das Verbot der krankheitsbezogenen Werbung nach § 12 LFGB. Der Anwendungsbereich der Claims-Verordnung überschneidet sich – jedenfalls zum Teil – mit dem Verbot der krankheitsbezogenen Werbung, das in § 12 LFGB geregelt ist und nachfolgend kurz dargestellt werden soll. Wie auch § 11 LFGB stellt § 12 LFGB einen speziellen Lauterkeitstatbestand für Lebensmittel dar; dabei geht es in § 12 LFGB aber nicht primär um den Schutz vor Täuschung, denn untersagt ist krankheitsbezogene Werbung unabhängig davon, ob es sich um wissenschaftlich gesicherte Aussagen handelt oder nicht. Nach der amtlichen Begründung dienen Lebensmittel grundsätzlich nicht der Beseitigung oder Linderung von Krankheiten. Die Furcht des Verbrauchers vor Krankheiten soll daher nicht für Werbeaussagen instrumentalisiert werden. **454**

§ 12 LFGB verbietet krankheitsbezogene Werbung, nicht aber gesundheitsbezogene Aussagen. Der Unterschied ist im Einzelfall nicht immer leicht festzustellen; eine krankheitsbezogene Aussage liegt jedenfalls dann vor, wenn die Aussage eine Krankheit unmittelbar in Bezug nimmt (*„Hühnersuppe gegen Erkältung"*, *„beugt Darmkrebs vor"*). Zutreffende gesundheitsbezogene Aussagen sind prinzipiell zulässig (*„stärkt das Immunsystem"*, *„gut für die Darmflora"*), unterliegen aber nach der Claims-Verordnung einem Zulassungsverfahren (hierzu oben, Rn. 448). **455**

Der **Begriff der Krankheit** ist weit auszulegen und umfasst auch jede geringfügige oder vorübergehende Störung der normalen Beschaffenheit oder der normalen Tätigkeit des Körpers; nicht erfasst sind normal verlaufende Erscheinungen oder Schwankungen der Funktionen, denen der Körper ausgesetzt ist, soweit sie dem natürlichen Auf und Ab seiner Leistungsfähigkeit entsprechen, wie z. B. Schwangerschaft, Ermüdungserscheinungen, Hunger etc. (*Meyer/Streinz*, LFGB, § 12, Rn. 27). In der Rechtsprechung wurden u. a. Allergien, Dickleibigkeit (Adipositas), Übelkeit und Verdauungsbeschwerden als Krankheiten in diesem Sinne angesehen. **456**

§ 12 LFGB verbietet Aussagen, die sich direkt oder indirekt auf die **Beseitigung** (= Heilung), **Linderung** (= Verbesserung des Krankheitsbildes) oder **Verhütung** (= Vorbeugung) von Krankheiten beziehen. Untersagt sind auch Hinweise auf **457** ärztliche Empfehlungen oder Gutachten und bildliche Darstellungen von Personen in Berufskleidung, soweit es sich um Angehörige der Heilberufe, des Heilgewerbes oder des Arzneimittelhandels handelt. Besonders ist hervorzuheben, dass das Verbot des § 12 LFGB nicht für die Werbung gegenüber ebendiesen Berufsgruppen gilt (§ 12 Abs. 2 LFGB), da der Gesetzgeber davon ausgeht, dass die entsprechenden Aussagen von diesen Personen nicht fehlgedeutet werden. Auch diätetische Lebensmittel sind vom Anwendungsbereich generell ausgenommen.

458   In Bezug auf den **Anwendungsbereich der Claims-Verordnung** kann festgehalten werden, dass lediglich im Bereich der Angaben über die Reduzierung eines Krankheitsrisikos (zum Begriff siehe oben Rn. 431) eine Überschneidung mit § 12 LFGB vorliegt. Solche Angaben sind nach Maßgabe des Art. 14 Claims-Verordnung grundsätzlich möglich und zulässig, wenn sie zugelassen und in die Gemeinschaftsliste mit zugelassenen Angaben aufgenommen wurden. Begriffsimmanent ist diesen Angaben, dass sie sich unmittelbar auf eine bestimmte Krankheit beziehen; die Aussagen wären damit nach § 12 LFGB von vornherein verboten. Die Claims-Verordnung verdrängt aber als unmittelbar geltendes europäisches Recht diesen Verbotstatbestand und knüpft die Aussagen statt dessen an bestimmte Bedingungen. Im Übrigen sind aber jegliche Aussagen über die Beseitigung und Linderung von Krankheiten nach wie vor gemäß § 12 LFGB ausgeschlossen; auch nach der Claims-Verordnung können solche Aussagen grundsätzlich nicht zugelassen werden.

→ Weiterführende Informationen:
7. Kapitel   **III. Wettbewerbsrechtliche Bezüge**
8. Kapitel   **Zivilrechtliche Bezüge**
9. Kapitel   **Lebensmittelüberwachung und behördliche Maßnahmen**
10. Kapitel   **Ausblick: Entwurf einer Verordnung betreffend die Information der Verbraucher über Lebensmittel**

Stichwortverzeichnis

Die Zahlenangaben beziehen sich auf die Randnummern des Buches. Halbfette Randnummern beziehen sich auf die Texte, die aus Platzgründen auf die CD-ROM ausgelagert wurden (Beispiel: **53**).

Abgabe an Weiterverarbeiter **30**
Abmahnung **73**
Alkoholgehalt 94
Allergene **164**
Ampelkennzeichnung **167**
Angehörige der Heilberufe 457
Angehörige des Arzneimittelhandels 457
Angehörige des Heilgewerbes 457
Anreicherung **52**
Anreicherungsverordnung **50**
Antioxidationsmittel 271
Aromen 33, 153, 183, 258
Aromenrecht 315
AVV Schnellwarnsystem 62

Beanstandungen **140**
Behörden **128**
beschreibende Verkehrsbezeichnung 106
Betriebskontrolle **132**
Big 8 **52**
Binnenmarkt 15
Bio-Lebensmittel **14**
Borderlineprodukte 37
Bundesamt für Verbraucherschutz und Lebensmittelsicherheit 84
Bundesinstitut für Risikobewertung (BfR) 55
Bußgeldverfahren **143**

Campylobacter 66
Cholesterin 241

Claims-Verordnung 422
Constitutio Criminalis Carolina 3

Deckungsunschädlichkeitsbescheinigung **104**
Dehydratisierung 224
Delegation 80
Deliktische Haftung **105**
diätetische Lebensmittel 26
Diphosphat 157
Dresdner Stollen 119

EFSA 51, 448
EG-Gentechnik-Durchführungsgesetz **11**
Einsichtnahme in Unterlagen 134
einstweilige Verfügung **75**
Ekelfälle 414
entlokalisierende Zusätze 120
Enzyme 33, 153, 183, 258
Ermittlungsverfahren **85**

Feinkostsalat 166, 291
Fetakäse 118
fettarm 233, 238
Formerfordernisse der Kennzeichnung 96
Füllmengenangabe 94
Futtermittel 24

Garantie **100**
Gaststätten **45**
Gaststätten/Restaurants 41
Gegenprobe **136**
Gemeinschaftsverpflegung **46, 41**

gentechnisch veränderte Zutaten **48**
Gesetz gegen den unlauteren Wettbewerb **65**
Gewerbezentralregister **143**
Gewürzmischung 186

HACCP-Grundsätze 358
Haftungsrecht **96**
Heringsfilets in Sahnesoße 200
Herkunftskennzeichnung **167, 165**
Herstellerangabe 94
Honig 268

Importeur **92**
Information der Öffentlichkeit **153, 145**
Irreführung 122, 392
Irreführung durch Unterlassen **71**

Jodsalz **53**

Kakaoverordnung 107
kalorienreduziert 241
Kartonagen 361
Kenntlichmachung **42**
Kennzeichnung von Zusatzstoffen 294
Ketchup 143
Kettenverantwortung **95**
Kindertee-Fall **117**
Kirschtaler **125**
Kölsch 119
Kontaminanten 330

Kontaminantenverordnung 330

Krabbensalat 291

Lebensmittel, gentechnisch veränderte 1

Lebensmittelenzyme 300

Lebensmittelinformationsverordnung **163**

Lebensmittelüberwachung **127**

Lebensmittelunternehmer **78**

Lebensmittelzusatzstoffe 263

Lecithin 184

Lesbarkeit **164**

light 233, 241, 443

Loskennzeichnung 94, 127

Marktverhaltensregeln **67**

Meldepflicht **153**

Mengenkennzeichnung (s. QUID) 94

Mikroorganismenkulturen 153, 183

Mindesthaltbarkeits- oder Verbrauchsdatum 94

Mindestschriftgröße **167**

Mindestschrifthöhe **164**

Mischungen von Zusatzstoffen **36**

Mittelwertprinzip 90

Mozzarella 122

Mykotoxine 348, 350

Nahrungsergänzungsmittel 26

Nährwertkennzeichnung **167**, **164**

Nährwertprofile **167**

Nanotechnologie **57**

Nennfüllmenge 90

Novel-Food-Verordnung **56**

Nulltoleranz **9**

Nürnberger Lebkuchen 119

ohne Gentechnik **10**

Ordnungswidrigkeit **130**

Paprikapulver 268

Parmaschinken 118

Parmesan 188

Pestizidverordnung 330

Pesto-Sauce 188

Pflichtendelegation **83**

Phytosterine **57**

Probennahme **136**

Produktentwicklung **91**

Produkthaftpflichtversicherung **102**

Produkthaftungsgesetz **121**

produktübergreifende Werbeaussagen 436

Produzentenhaftung **114**

QUID **164**, 191

Rechtsbruch **67**

reich an Vitamin C 233

Richtlinie zur Beurteilung von Suppen und Soßen 108

Rinderhackfleisch 66

Rote Bete 268

Rücknahme **147**, 145

Rückruf **147**, 145

Rückrufversicherung **102**

Rückstände 62, 330

Rückverdünnung 161

Sahnesoße 199

Salatrim **57**

Salz 268

Schnellwarnsystem 57, 58, 83

Schutz vor Täuschung 50

Schutzatmosphäre **49**

Schutzgesetz **112**

Schutzschrift **77**

Schwefeldioxid 187

Schwellenwert **6**

Serranoschinken 120

Siliciumdioxid 155

Sorgfaltspflicht **88**

Sperrwirkung 11

Spurenkennzeichnung allergener Stoffe **119**

Staatsanwaltschaft **130**, 85

Straftat **130**

Stufenverantwortung **95**

Suppen 451

Tafeln 39

Tannin 276

Trägerstoff 185

Transglutaminase 172

Trocknungs- oder Verdünnungsverfahren 346

Trockungsfaktoren 347

UGP-Richtlinie **71**

Unterlassungserklärung **74**

Untersuchungs- und Rügepflicht **98**

Untersuchungsanstalten **129**

Verantwortlichkeit **78**

Verbraucherinformationsgesetz **134**

Verhältnismäßigkeitsgrundsatz **150**

Verkehrsbezeichnung 94

Verkehrssicherungspflicht **114**

Vertragliche Haftung **97**

Verzehrsdurchsetzung **57**

Vitamin C 271

Wettbewerbsrecht **64**

Wettbewerbsrechtliches Irreführungsverbot **70**

Wiener Schnitzel **42**

zuckerfrei 239

Zulassungsverfahren 327

Zusatzstoffe **33**, 153, 183, 258

Zutatenliste 94, 147